菅江真澄と内田武志

歩けぬ採訪者の探究

石井正己［著］
ISHII Masami

勉誠出版

歩けぬ内田武志と歩く宮本常一

菅江真澄（一七五四〜一八二九）は、北東北と南北海道をくまなく歩いて詳細な日記を残し、さらに地誌に取り組みました。松尾芭蕉（一六四四〜九六）は、『奥の細道』で、「日々旅にして、旅を栖《すみか》とす」と述べましたが、まさにその通りの人生を送ったのです。故郷・三河を出て、後半生を旅に暮らし、異郷の地・出羽で亡くなりました。その数奇な生き方から、柳田国男（一八七五〜一九六二）は「還らぬ人」と呼びました。

柳田が拓いた菅江真澄の研究の道を驚くべき持続力で押し進めたのは、ベッドに横臥したままの内田武志（一九〇九〜八〇）でした。内田は不治の病・血友病を抱えていましたが、家族をはじめとする人々の支援を受けて研究を続けました。戦前は故郷・秋田県鹿角や移住した静岡県の方言研究に励み、秋田県に疎開してから、戦後は菅江真澄研究に取り組んだのです。そこには、渋沢敬三（一八九六〜一九六三）の深い理解がありました。

こうして柳田と渋沢が内田の研究を支えましたが、二人は相継いで亡くなってしまいました。その後、内田を支援したのは、同年代の宮本常一（一九〇七〜八一）でした。宮本は故郷・山口県を離れて渋沢のもとで暮らし、日本各地を歩きました。今では歩く民俗学者として高く評価されています。おそらく渋沢からの助言もあったのでしょう、歩く宮本は歩けぬ内田と協力して菅江真澄研究を進めます。実に対照的なコンビでした。

二人はまず、『菅江真澄遊覧記』全五巻（平凡社、一九六五〜六八年）に取り組みました。この時は、内田が現代語訳を作り、宮本は注記を担当しました。図絵と和歌を大胆に省略し、難解な原文をわかりやすい現代語訳で読めるように工夫したのです。それまでは秋田県人と民俗学者が知るだけでしたが、これによって多くの人々が真澄に関心を持つようになりました。

さらに二人は、一挙に『菅江真澄全集』全一二巻・別巻一（未来社、一九七一〜八一年）に取りかかりました。予定している別巻二の「総索引」はなお未刊ですが、断簡零墨までを網羅して、真澄の書いた文章や図絵の全貌が明らかになりました。柳田が言うように、色彩鮮やかな図絵が出版の支障になってきましたが、この全集では白黒の写真版で全点を口絵などに収録するという方法を採りました。

その中で、内田は『菅江真澄全集　別巻一　菅江真澄研究』（一九七七年）をまとめました。そこには、白太夫の子孫と考えたり、一時の帰郷を唱えたり、定説をくつがえすような見解が見えました。その後の研究では、こうした見解がそのまま受け入れられたわけではありませんが、全集を編纂する過程で到達した見解でした。配本の途中で別巻の研究が出るというのは異例ですが、三年後に亡くなったことからすればよかったと思います。

一方、内田に刺激された宮本は、旅人たちの歴史を扱った際に、全集を使って、菅江真澄の日記の講読を試み、『菅江真澄　旅人たちの歴史2』（未来社、一九八〇年）を残しました。その構成を見ると、真澄の旅程に沿って一〇回ほど心の向くままに話をしています。気楽な話ぶりですが、その中で紀行文の読み方を考え、さらには、それを通して自分の旅のあり方を考え直しているようです。

その際、真澄の日記の中に人が死なないという記述があるのを受けて、「今日、死んではならないということになると、おそらく伝染病でない限り、きっと死ななかったんじゃないかと思うんです。そういうことが私の経験の中にもあるんです」と言って、内田の例に脱線してゆきます。この一節からは、宮本が内田の人生をどう見ていたのかがよくわかりますので、やや長くなりますが、そのまま引いてみます。

例えば、これを編集しました内田武志君というのは、何べんも死にかかったんだけれど、いまも寝たままで菅江真澄全集を編んでいるので、これが出来上るまでは死なないだろうと思うのです。昭和一六年か一七年頃にこの人は危篤になりまして、もう今日の夕方頃が臨終だろうというので、私は渋沢先生と一緒に訪ねていったんです。もう色があせて、唇なんか紫色になって、本当にもう気息奄々《きそくえんえん》で、夜の九時までもてば良いんじゃなかろうかというところへ私は行ったのですが、この人は当時、星を研究しておったのです。星の方言を、私を相手に細々と話をしておったのが、だんだん声が大きくなって頬ぺたが赤くなって唇が紅色になってきて、そしてとうとう夜九時頃までそこにおったんです。次第に元気になりました。お医者さんが今夜一二時頃が危いというんで、それじゃ一度帰って来ようというんで渋沢先生と帰ったんです。すると、一二時になっても電話が来ないんです。朝になったら、元気になりましたと。それから後に、この人は、ともかく体が悪いから秋田へ引込んで秋田でやはり何回か死にかかっておったのです。それで、渋沢先生の弟子なもんで、また渋沢先生と一緒にお見舞いに行ったのです。すると、それからまた元気になって来ます。その時に、何をやろうかというんで、菅江真澄を研究したらいいだろうということになって、始めるんです。寝ている人が起きている人を研究するのも良いじゃないかってことでやり始めるんです。ところがその後、この本ができる少し前ですがやはりもう駄目だっていうんで訪ねて行ったんです。その時に、「せっかく今までやって来たんだから、真澄のものを皆が読めるようなものを作っておこうじゃないか、そうでないと、あのむずかしい原文なんか読めるもんじゃないんだから。それを平凡社の東洋文庫で出してくれるから、やらないか」といったら、それから元気が出て来て、とうとうそれを五冊やり上げて、随筆集一冊出しました。その後ずいぶん弱っていましたが、まだもう少し生きていてほしいと思って今度は未来社へ頼んで、原文の全集を出そうということになったら、また元気になって来て彼は僕と同じ年だからもう六八歳になるのですが、まだまだ生きて仕事をつづけるでしょう。真澄全集が続く限り生きていると思うのです。

ここに見える星の研究というのは、『日本星座方言資料』（日本常民文化研究所、一九四九年）にまとまるものです。宮本は漁村の民俗に詳しかったので、内田は積極的に星の方言についての話しかけたのでしょう。ここに見える、「私を相手に細々と話をしておったのが、だんだん声が大きくなって頬ぺたが赤くなって唇が紅色になってきて」という一節は、内田の様子をよく表しています。その後、宮本の提案で『菅江真澄遊覧記』に取り組むと元気になり、さらに『菅江真澄全集』によって元気が出てきたというのです。血友病で苦しみながらも、菅江真澄研究が生きる力になったことをよく示しています。

また、「寝ている人が起きている人を研究するのも良いじゃないか」というのは、内田の菅江真澄研究がかなり意識的であったことを感じさせます。歩けぬ内田は、稀代の旅人・菅江真澄の日記や地誌を読むことで、自分は実際に旅ができなくても、それを追体験することができました。むしろ、歩けないがゆえに、透徹した読み方ができると考えたにちがいありません。同時に、内田の手足となって支援した妹・内田ハチ（一九一三〜九八）の存在も忘れることができません。ハチはそこから真澄の記録の持つ科学性に光をあててゆきます。

ここで「六八歳」と言っていますので、これは一九七五、六年の談話だったことがわかります。ちょうど全集の刊行が進んでいる最中でした。別巻二を残したとはいえ、「真澄全集が続く限り生きている」という宮本の予言は的中したことになります。難病を抱えながらも学問をすることが生きる力になるということを、内田は身をもって示したと言っていいでしょう。しかし、内田が亡くなった翌年、宮本が亡くなったことを思えば、宮本は自分の人生までは想像できなかったことになります。

思えば、柳田国男と『秋田叢書』『秋田叢書別集　菅江真澄集』を刊行した深沢多市（一八七四～一九三四）が一九二〇から三〇年代にかけて作ったのは、第一次真澄ブームでした。ここに述べたようにして、内田と宮本が一九六〇から七〇年代にかけて『菅江真澄遊覧記』と『菅江真澄全集』を作ったのは、大衆化を進め、基礎を固めた第二次真澄ブームと言っていいでしょう。

二人の巨人が大きな遺産を残して亡くなってから、まもなく四〇年になろうとしています。次の時代に第三次真澄ブームが起こるとすれば、それは国際化と情報化の動きの中に真澄を位置づけることでしょう。今年は、没後一九〇年にあたり、二〇二八年は二〇〇年になります。そのための歩みを進めるために、この一冊を大事な礎石にしたいと考えています。

二〇一八年七月

目次

II　静岡県と星座の方言の集大成

Ⅲ　戦後の菅江真澄研究の出発

Ⅳ　『菅江真澄遊覧記』と『菅江真澄全集』の偉業

Ⅴ　菅江真澄と内田ハチ――科学・教育・図絵――

I　秋田県鹿角の方言と昔話の発表

一　北東北の中心地・鹿角が生んだ内田武志

秋田県立博物館の菅江真澄資料センターとのおつきあいが一五年になるかと思うと、感慨深いものがあります。この「真澄に学ぶ教室」でお話をさせていただきながら、真澄に対する研究をずいぶん深めてまいりました。その間、さまざまな御教示をいただいた方が秋田県にはたくさんいらっしゃいます。平成二二年（二〇一〇）、その成果をまとめて、『柳田国男の見た菅江真澄』（三弥井書店）という小さな本を出しました。

平成二三年（二〇一一）九月には、県文化財保護室の「昔話・伝説・言い伝えなどによる地域活性化事業」の一環として、鹿角《かづの》市の関善《せきぜん》にぎわい屋敷を使って、「秋の夜長のこわい話」の会を開きました折に、鹿角の昔話についてお話をしたことがあります。その時に重要だと思った人物が、これから取り上げてゆく内田武志（一九〇九〜八〇）という人です。

鹿角出身者には、民俗学とゆかりの深い人がもう二人おります。一人は瀬川清子（一八九五〜一九八四）と言いまして、「秋田の先覚記念室」でも顕彰されています。特に女性の民俗をきちんとまとめられた方で、近年その業績がさまざまな形で取り上げられています。早く秋田県を離れてしまいましたが、残した著作は、今後の民俗学の可能性を考える大事な拠点になると確信します。

もう一人はあまり知られていませんが、東京帝国大学で地理学を学んだ佐々木彦一郎（一九〇一〜三六）という人です。この人は若くして亡くなってしまいましたので、先覚者として取り上げられておりませんけれども、同じ時代を生きて非常に重要な仕事をしています。柳田国男（一八七五〜一九六二）が「境を歩む人」（『佐々木彦一郎　遺稿と追憶』白猫社、一九三八年）という追悼文を書いていますが、この人の業績も改めて考えてみなくてはいけません。

鹿角出身者の会に鹿友会がありまして、そこで柳田国男が講演した折、これから自分に時間があって、どこか日本の一つの地域を調べてみろと言われたら、取り上げてみたいのは鹿角だと言ったそうです。もちろん鹿角出身者の会ですから、柳田がヨイショしたということを半分は考えておかなくてはいけませんけれども、なぜ鹿角だったかということは大いに興味が惹かれます。

鹿角はかつて南部藩領でありましたが、廃藩置県で秋田県に入るわけです。あの地域というのは、秋田・青森・岩手三県の境をなすような、北東北の中心地に当たる場所です。鉱山地帯としても有名で、データを見ますと、米が二万九千石だったのに対して、鉱山は一〇万石でその四倍に近く、金山一九、銀山六、銅山二三、鉛山一五という数に及びます。やはり鉱山地帯として繁栄した地域であることは間違いありません。

北部に位置する小坂鉱山は一大都市で、鉱山に働く人々が町を形成し、学校・病院、そして慰安娯楽施設の康楽館を維持してきました。明治四三年（一九一〇）にできた康楽館が百年経つということで、私もその前の年だったかに小坂を訪ねました。鹿角も北と南でずいぶん違うと言われますが、あの町をどう考えるかということは、鹿角の歴史と文化を考える上でとても気になるところです。日本海文化と太平洋文化、南の文化と北の文化、山の文化と海の文化がどのように接触したのかといういくつかの疑問が浮かびます。

そうした鹿角出身者に内田武志がいて、明治四二年（一九〇九）に生まれ、昭和五五年（一九八〇）に亡くなります。今年（二〇一二）は三十三回忌に当たりますので、その供養にもなればと考えています。

内田武志の研究を支えた人物は二人いて、一人は柳田国男、もう一人は渋沢敬三（一八九六〜一九六三）です。柳田国男が亡くなって今年で五〇年、渋沢敬三は翌年に亡くなっていますので、来年（二〇一三）が没五〇年になります。この二人の援助に支えられながら、体が不自由であったにもかかわらず、内田武志がどのような業績を残したのかということを考えてみなくてはなりません。

なかでも渋沢敬三は彼の出版を支えて、いくつかの文章を書いています。例えば、内田の『日本星座方言資料』（日本常民文化研究所、一九四九年）には、「歩けぬ採訪者」という文章を寄せています。採訪というのはあちらこちらを歩いて、土地の古老を訪ねなくては進みませんが、内田武志は「歩けぬ採訪者」だというのです。あるいは、内田の『菅江真澄未刊文献集　一』（日本常民文化研究所、一九五三年）には、「仰臥四十年の所産」という文章を書いています。この二つの文章は、涙なくしては読めないようなところがあります。

渋沢は、内田の強い意志と情熱を認めながら、情に流されない科学的な方法で丹念に資料を集めて研究を進めたことを高く評価します。このことは、方言や昔話にはじまり、やがて菅江真澄（一七五四〜一八二九）に至るまで一貫した態度で、揺らぐことがありません。「歩けぬ」「仰臥」ということは心を許した関係でなければ使えませんが、二編の序文はそうしたことを取り上げて、内田の心の中にまで踏み込んで書いている文章です。後に紹介したいと思いますけれども、本当に深い愛情と理解がなければ、あのような文章は書けません。読んでいてすがすがしい序文です。

菅江真澄資料センターでは、平成二二年の秋に「没後三十年、内田武志の真澄研究」という企画コーナー展を行っています。松山修さんがまとめた解説資料で、内田武志のアウトラインがくっきり見えました。内田武志の軌跡を探るというのは後ろ向きの態度ではなくて、真澄研究の未来を考えるためには、やはり残された業績をきちんと理解して、その達成と限界を考えなければならないと考えているわけです。

この連続講演は「内田武志の軌跡」としましたが、大きな見取り図はこうなります。

前期　第一期　鹿角郡昔話と鹿角方言集
　　　第二期　静岡県方言誌
　　　第三期　日本星座方言資料
後期　第四期　菅江真澄未刊文献集
　　　第五期　菅江真澄遊覧記
　　　第六期　菅江真澄全集

前期が方言研究、後期が真澄研究です。前期の方言研究は第一期から第三期に分けられますが、第三期の星座の方言が出版されるのは戦後になってからになります。従って、第三期以降は戦後の成果です。そして、後期の菅江真澄研究は未刊文献集、遊覧記、全集と進み、今日の真澄研究の基礎が出来上がるわけです。全集別巻二の索引編は未刊のままになっていますが、その功績は重要で、今もって私どもは内田の作ったものによって真澄を考えているのです。

二　方言研究の断絶から始まった真澄研究

今回は戦前の内田の文章を取り上げてみます。落ちている文章があるかも知れませんが、昭和五年（一九三〇）二月から昭和一六年（一九四一）四月までを対象にしました（巻末の「内田武志　書誌と年譜」参照）。雑誌が中心ですけれども、終わりの方になると、『静岡県方言集』『鹿角方言集』『静岡県方言誌』というように、方言関係の資料が一冊の本にまとまっています。今回、静岡の方言集を取り上げようかとも考えたのですが、鹿角と一緒に取り上げると中途半端になると考え、次回に回すことにしました。

昭和五年から昭和一六年というのは、大雑把に言いますと、内田の二〇代に当たります。非常に若い時の内田武志の仕事です。二一歳から一〇年間の仕事で、これだけのものを残したのは驚きです。大きくは鹿角の民俗と静岡の方言についてです。細かく触れられませんけれども、鹿角の民俗では、年中行事、童謡（わらべ唄）、昔話、方言といった具合に、多角的に取り上げています。

それに対して、静岡県の方は一貫して方言です。後で時間の流れに触れますけれども、やがてそれはテーマ別の『静岡県方言誌』にまとまっていき、第一輯が動植物篇、第二輯が童幼語篇、第三輯が民具篇と分類され、合計千頁にも及ぶ方言誌が出来上がります。そこには一〇枚の方言分布図という地図も付いています。この時期の方言研究の金字塔と言ってよろしいかと思います。

ところが、昭和一六年四月に『静岡県方言誌』第三輯を出してから、戦後まで四年くらいの空白期間があります。つまり、方言から菅江真澄に移るときに、大きな断絶があったことになります。もちろん戦争が激化してゆくということがありますけれども、ここでの断絶と沈黙は何だったのかということを考えてみなければなりません。

こうして見渡して考えられることは、鹿角と静岡県の方言研究について大きな達成を残しましたが、そのまま方言研究に向かうには限界があったのではないかと感じられることです。戦後は、それを乗り越えるべくして、真澄研究に邁進していったのではないか、どうもそう考えないとうまく説明がつかないとように思います。内田武志の真澄研究の前史に、方言や昔話があったということをどう考えたらいいのか、そして、そこからの断絶を経て真澄研究が始まったということを考えてみたいと思うのです。

内田武志について、『秋田人名大事典』には、「菅江真澄研究、民俗学。本名武。鹿角市尾去沢の碇発電所社宅生まれ。修三の二男。大正十二年八月鎌倉移住、大震災にあい、一年後静岡市に移る。十四年静岡商業学校に進むが、血友病のため、昭和二年中退。蒲原有明、柳田国男、渋沢敬三らの指導を得て、昭和十一年九月に『鹿角方言集』（刀江書院）を刊行」とあります。今日はここまでのことが話題の中心になります。

血友病という病は、『広辞苑』によれば、「血液凝固因子の欠乏のため出血しやすく、しかも止血が困難な疾患。伴性劣性遺伝で母方から遺伝し、男性に発現。欠乏因子を血液製剤で補うことにより症状を防ぎ得る」とあります。つまり、隔世遺伝で遺伝して、男性に発現するのですが、血液を凝固する薬を使えば病状を改善しうるというのです。

内田自身は、『静岡県方言誌』が復刻された『日本常民生活資料叢書』第一四巻の「解説」で、「生来の血友病者で、脚の関節に子供のころから傷害がおこり、歩行には杖を必要とした。従って、兵式体操ができないからという理由などで、中等教育も満足に受けさせてもらえなかった」と述べています。静岡時代は、まだ杖をつきながら静岡近辺の漁村を歩くことができたようですけれども、やがて病が重くなり、秋田時代は「仰臥四十年」と言われるように、ベッドに仰向けに寝ながら、そこで学問を続けたのです。ちょっと動くと腸から出血するという困難があり、病を抱えながらの学問でした。妹のハチさんが研究を一身に支えたこともよく知られています。

三　蒲原有明・柳田国男との出会い

内田武志が真澄研究も知らず、民俗学に志した入口のところはどうだったのか。大正一三年（一九二四）に静岡市に移って静岡商業学校に行きますけれども、昭和二年（一九二七）に中退しています。学校に行けない中で、病と闘いながら何を考えていたのか。『日本常民生活資料叢書』第一四巻の「解説」には、次のようにあります。

昭和四年だったように覚えている。そのころ出版されていた石川啄木全集を見ていると、前年、静岡高等学校の文化祭に展示されていた、蒲原有明宛の石川啄木書簡は収載されていなかった。それでそのことを編集者の吉田孤羊氏に伝えると、さっそく静岡市鷹匠町に居られる蒲原有明先生を訪ねて発表くださるよう依頼して欲しいといってきた。

昭和四年（一九二九）ならば学校を辞めてから二年後です。『石川啄木全集』に蒲原有明（一八七五〜一九五二）あての書簡が載っていなかったので、編集者の吉田孤羊（一九〇二〜七三）に伝えたのです。吉田は盛岡出身で、盛岡市立図書館長を務め、啄木研究者としてよく知られた人です。内田は『石川啄木全集』を一生懸命に読んで、蒲原有明あての書簡がないということに気がつくのですから、相当注意して読んでいたはずです。啄木は盛岡出身なので、同じ東北出身ということもあったでしょうし、『一握の砂』『悲しき玩具』という短歌集を出し、二〇代後半で亡くなっていることも注意されます。夭折したにもかかわらず偉大な業績を残した存在は、病を抱えた内田にとっては輝かしいものだったにちがいありません。啄木への親近感には想像を超えるものがあったはずです。

そこで静岡にいた蒲原有明に会うのですが、続いてこうあります。

蒲原先生は、初対面のわたくしに「文学よりも今は民俗学に興味をもっている。柳田国男君が――」といって、近刊の種々の民俗書を見せて下さった。それが、わたくしの民俗学に対する開眼第一日で、当時何をどうしたらよいのか、生きる方途を見失っていた自分にとって、これが生涯の歩み方を決定した重要な日となったのである。

蒲原有明は民俗学という学問に興味を持っていて、それを進めているのは柳田国男だと教えたのです。有明と柳田国男は、東京で明治の終わりに文学者の集まりで会っていますから、旧い友人です。柳田は昭和四年にはすでにさまざまな民俗学の著作が出ていて、有明はそれらを手元に置いて読んでいたのです。鹿角をふるさとにする内田には、大きな刺激だったでしょう。学校を止めて生きる意欲を失っていた彼にとって、それは本当に生きる力になったはずです。

さらに内田は、柳田との出会いをこう記します。

郷里の方言集を編み出したのは、昭和五年からである。そして、柳田国男先生に初めてお会いしたのは、翌六年秋ではなかったろうか。静岡市の葵文庫講堂で「ヤスコの話」をなさったとき、蒲原先生に紹介して頂いたのである。鹿角の方言をまとめていると申上げると、できたら送ってよこすようにと言われた。こうして、『鹿角方言集』が言語誌叢刊（刀江書院）の一冊として発刊されることになったのである。

葵文庫の資料を見ると、昭和五年三月九日に第二五回の文化講座が開かれています。柳田の講演題目は「ヤスコの話」ではなくて、公式には「言語ト習俗」だったようです。ヤスコというのは、秋田でもそうだと思いますが、東日本の各地で、生まれた子供を初めて外出させるとき、額に鍋墨などで×や＋を書いて魔除けにするという習俗です。その習俗の問題を柳田が話したのです。この内容は「鍋墨と黛と入墨」（『信濃教育』第五三四号、一九三一年）と題して、後に『方言覚書』（創元社、一九四二年）に入ります。そこで初めて柳田に出会い、鹿角の方言や昔話を書いていると話したら、それを送るように言ったのです。

この時、内田は二一歳です。その前にすでに『民俗学』という雑誌に報告を発表しはじめていますから、民俗学に興味を抱きはじめたときに、あこがれの柳田が静岡に講演に来たならば、会いに行かないわけにはいかないとなったわけです。内田が原稿を送ったら、柳田国男は『桃太郎の誕生』（三省堂、一九三三年）という本に入れる「瓜子織姫」（『旅と伝説』第三年第五号、一九三〇年）の中の「諸国の瓜子姫」に、最近送られてきた資料を載せるのですが、その一つに「秋田県鹿角郡の例（内田武志氏）」とあったわけです。これはうれしかったでしょうね。

妹の内田ハチ（一九一三～九八）は、『菅江真澄顕彰記念誌』の「菅江真澄への歩み」で、

「これまで、昔話が価値ある祖先の遺産だとは考えてもみなかった頃のことだっただけに、こんな自分にも、成すべき仕事があり、学問に貢献できることを知った」と紹介しています。「こんな自分にも」の「こんな」が指す内容は漠然としていますが、病のことからはじまって、あらゆることをひっくるめて「こんな自分にも」と言ったはずです。蒲原有明に民俗学があると教えられ、柳田国男に会って送った自分の報告がそのまま載せられたというのは、青年の一生を左右したはずです。そうした出会いの中で、心から学問で生きていこうと思ったのでしょう。

四 『鹿角方言集』と柳田国男の配慮

ハチの文章は、「次に「鹿角方言」をお送りした処、蒲原先生を通じて、「言語誌叢刊」に入れようとのお言葉があり」と続きます。しかし、内田の草稿はすぐには動かず、昭和一一年（一九三六）の『鹿角方言集』として刀江書院から出版されます。「次に「鹿角方言」をお送りした処」という言い方からすると、先に昔話の草稿を送り、方言の草稿は後になったようです。

実は昭和五年というのは、柳田国男にとっても重要な時期でした。この頃から、昔話と方言の研究が本格的に始まったと言っていいと思うからです。時代の巡り合わせというのは不思議なもので、ちょうどそんな時期に内田武志は会っているわけです。岩手県の田中喜多美

（一八八五～一九九〇）、山口県の宮本常一（一九〇七～八一）など、後に活躍する民俗学者が世の中に出てくる流れの中に、内田もいたのです。

例えば、昭和五年三月には、アルスという出版社が出していた日本児童文庫の中に、柳田国男は『日本昔話集　上』を著します。これはその後、『日本の昔話』と改題され、柳田の本の中で最も読まれる本になります。昭和五年七月には、言語誌叢刊の中に『蝸牛考』（刀江書院）を著します。『日本昔話集　上』にしても『蝸牛考』にしても、昭和五年は柳田国男が方言研究と昔話研究に一挙に進もうとしていた時期だったのです。

蝸牛というのはカタツムリのことですが、柳田はその方言などをアンケートで尋ねるのです。全国から集まったデータを地図に落とし、その結果から打ち出した仮説が「方言周圏論」でした。京都で生まれた言葉が地方に伝わり、列島の南北に最も古い言葉が残ったと見ます。池に石を投げた時に波紋が広がるようにして、言葉が全国に広がったと証明したのです。

ハチは、「昭和六年十二月には「長門俵山温泉行き」の旅費はやがて公刊される『鹿角方言集』原稿料として立替えてあげる――とまで御配慮を頂いた」と述べます。実はこの手紙が残っていて、内田自身が『日本常民生活資料叢書』第一四巻の「解説」に載せています。内田武志あての柳田国男書簡です。これは昭和六年（一九三一）一二月一四日の手紙です。

先日御話を致し候長門俵山の温泉は、どうも貴兄の病気にはきくらしく考へ申候。五十円だけ金を御用立可申候付、一度試みに療治なされては如何。此金は南鹿角郡方言集が、公にせられた時その分、君の手に入るべき金なれば、自分のものの気で使つて差支なく候。往復に二十五円、残りで十日位は居られ申候。十日も居て少しも結果が無ければ帰つて来てもよく、いよいよ効ありとわかれば後二十日位の金はどうともなり可申候。仮に全く無だであつても新しい風土を見、事物に接し、且つ静かに原稿を整理すれば、それだけは獲物に可有之。幸ひによくなれば今のやうに気ぜはしなく勉強する必要も無く、快活悠長に学問に一生を捧げることも可能なるべく候。仍て親たちとも相談し、一つ風など引かぬやうに十分用心しつつ春にもなつたら行つて見ては如何に哉、但し湯はややぬるく候が気候は南だけにひどく寒からず、或は梅などの咲く頃になつてからでもよし、俵山郵便局長の藤井氏は立派な人にて自分も古風な旅館を経営す。いよいよ行く気ならば此人に小生よりよく頼み世話してもらひ可申候。

山口県の俵山温泉は湯治場としてよく知られています。柳田は方言集の原稿料を前もって自分が渡すから、それで温泉治療に行ったらどうかと勧めたわけです。なかでも、「新しい風土を見、事物に接し、且つ静かに原稿を整理すれば」には、湯治によって肉体的精神的な活力が生まれることになればいいという望みがあったにちがいありません。なお、この時期には「南鹿角郡方言集」という書名を考えていたようです。

しかし、ハチさんが書いた文章に戻りますと、「御配慮を頂いたが、結局、お断りしようと、上京し親類の家に着いた夜、出血がおこった。武に代り当時東京女高師在学中のハチが柳田邸をお訪ねし、兄の病症を説明し、御辞退の理由を申し上げると、先生は「気分のよい時これを読んだら」とお貸し下さった『南部叢書』六巻に収載された「けふのせばのの」は鹿角郡の花輪町、大里、小豆沢村、湯瀬を通りすぎて行く一人の旅人の紀行文であった。これが武と菅江真澄との初対面で、この旅人と武は後半生を共に歩み、命果てる七一歳まで続いたのである」と続きます。

柳田の好意はわかりますけれども、内田武志の病状はだいぶ進んでいていたようです。一人旅に耐えられるような体力はなかったのです。柳田の病状認識は甘かったことになりますが、それを責めるわけにはいきません。柳田からこれだけの手紙を貰ったら、自分で挨拶に行かないといけないと思ったのでしょうが、東京に着いて出血してしまったのです。病状を聞いた柳田が「気分のよい時これを読んだら」と言って貸したのが、昭和二年に出版された『南部叢書』（南部叢書刊行会）の菅江真澄の紀行が入った巻だったのです。これで、内田は、江戸時代、自分の故郷・鹿角を旅した菅江真澄を知ったのです。昭和六年の終わりか昭和七年（一九三二）の初めには、菅江真澄と接していたことがわかります。

やがて昭和二〇年（一九四五）五月、戦争疎開で秋田県の毛馬内《けまない》町（現鹿角市）に戻ってきます。柳田の配慮で菅江真澄の存在を知ったものの、真澄研究に進むまでは一三年くらいの期間がありました。内田の志を知った毛馬内町長・伊藤良三（一八八三〜一九六四）から『秋田叢書』と『秋田叢書別集　菅江真澄集』の贈与を受け、以来真澄研究に入ってゆくわけです。

五　内田武志の真摯な研究姿勢

内田武志は昭和七年の初めまでに菅江真澄を知ったのですが、昭和五年から六年にかけての関心は昔話と方言でした。やがて昔話と方言はそれぞれに研究が分離してしまいますけれども、彼が接した時代は昔話も方言も共通の関心の中にありました。内田が柳田国男にあてた手紙が野村純一（一九三五〜二〇〇七）編著の『柳田国男未採択昔話聚稿』に残っていますので、それに触れてみます。昭和六年五月七日ですから、先の柳田の手紙より半年くらい前のものです。長くなりますが、三つに分けて引用します。

拝啓　此のたびの旅と伝説にお久振りに先生の御説を拝見致しまして、大変嬉しう御座いました。成るべく御説の通りに採集致さうと存じます。

これは、昭和六年四月の『旅と伝説』第四年第四号の「昔話号」に触れた感想から入ります。「成るべく御説の通りに採集致さうと存じます」というのは、巻頭に載せた柳田の文章「昔話採集者の為に」に応じた感想です。この号は後にそのまま柳田国男編『昔話採集の栞』（梓書房、一九三三年）という一冊の本になります。その中には、内田の「鹿角郡昔話五篇」も載っていました。

「御説」というのは、どのように始まって、どのように終わるのか、地方によって違う昔話の形式をはっきりさせなさいということです。そして、柳田の呼びかけに応じて、日本各地で昔話の形式がどうなっているのかという報告が集まってきます。初めはだいたい「むかし」とか「むかしあったとさ」ですが、終わりは各県で違うくらいばらばらです。柳田は、内容ではなく、「むかし」という言葉で始まる話を「昔話」と呼びました。従って、昔話を定義するときに、形式がとても大事だったわけです。

内田もそうした報告を寄せた一人で、こう続けます。

> 私達の聴きました昔話の初めは「昔あつたどしァ」で初り、結末は「どつとはれァ」で終りました。そして聴者は一句毎に、「はー」と云ふのでした。又うるさく昔話をせがむと、こんな話もされました。
> 「昔ァむんちけで話ァはんちけで。どつとはれァ。」
> 「昔あつたどしァ。或どごに蟻こァ一升。行《え》ぐどごに蝦こァ一升。来るどごに栗こァ一

升。あつたけど。どつとはれァ。」

これが鹿角の昔話の形式だったのです。秋田県では「どつとはれァ」ではなく、「とっぴんぱらりのぷう」です。「どつとはれァ」で終わるのは南部藩、岩手県です。鹿角はかつて南部藩だったために「どつとはれァ」で終わったことがはっきりします。今では常識になっていますが、当時はまだ何もわかってはいませんでした。

内田は鎌倉に出るまで鹿角の地で、生まれながらの病を抱えて生活していました。その中で、お母さんをはじめとして、さまざまな人が昔話を聞かせたのでしょう。幼い時の非常に大きな言語経験の中に昔話があったはずです。柳田に送った原稿のほかに、最近お母さんから「鼠の国」の話を聞いたことに触れ、お母さんや叔母さんから聴いた昔話が数編あるので、あとでお目に掛けたいと思いますと書いています。

内田のすごさは、その後にあります。

次に御掲載下さいました鹿角郡昔話の中にあります会話中の「…ベー。」は、全部「べし」の誤植で御座います。「祭見に行ぐべー。」と云ひますと、「祭を見に行くでせう」と云ふ推量、又は念を推す時の語になりまして、「しませう」「しよう」と云ふ時には、「べし」と申します。既に御承知で居らつしやるとは存じますが、ちよつと気附きました儘、申し上げるので御座います。

「べし」の「し」を、長音の「ー」に間違ったというのです。私だったら柳田にこういうふうに書けないと思います。「既に御承知で居らつしやるとは存じますが」とありますが、この原稿は柳田自身が整理したはずですから、たぶん認識していなかったはずです。先生であっても、これは誤りだということをちゃんと言える勇気を、二一歳の時に持っていたということです。これは本当に大切なことで、学問の姿勢は筋金入りと言えましょう。こういう態度が七一年の生涯をかけた学問を支えたのだと思います。

アルスの『日本昔話集　上』が出た時に、昭和五年四月の『旅と伝説』第三年第四号の「編輯後記」で、柳田は、話の数が足りないからもっと知りたいので、身寄りの人に話してくれる人がいたら、断片でもいいから送ってくれるように呼びかけました。すると、全国から三〇人くらいの人が原稿を寄せてきましたが、その中の一人に内田武志がいたわけです。柳田が「べー」と間違えた『旅と伝説』の「昔話号」は、そうした原稿を編集した特集号だったのです。

秋田県は日本の中でも昔話採集が遅れた地域であり、本格的に始まるのは戦後になってからで、秋田大学の今村義孝（一九〇八～二〇〇六）と奥さんの泰子（一九一六～二〇〇五）によるものでした。今村泰子が一生懸命県内を歩いたのは昭和三〇年代になってからでした。

ただ、戦前にまったくなかったわけではなく、鹿角の内田武志、角館《かくのだて》の武藤鉄城（一八九六～五六）、平鹿《ひらか》の寺田伝一郎（一九〇五～六五）といった人たちが昔話の報告を始めています。しかし、一冊の本にはなかなかならなかったのです。武藤鉄城でさえそうでした。内田が送った「鹿角郡昔話五篇」もいい資料ですが、雑誌に埋もれてしまったように感じます。

内田の昔話は次のように発表されています。

昭和六年（一九三一）
　4月　鹿角郡昔話五篇　『旅と伝説』第四年第四号
昭和八年（一九三三）
　5月　猫の尾の毒――毒を感知する鳥から――　『民俗学』第五巻第五号
昭和九年（一九三四）
　12月　一五　猫又　『旅と伝説』第七年第一二号
　12月　四六　金をひる犬　『旅と伝説』第七年第一二号
　12月　五三　雁取り爺　『旅と伝説』第七年第一二号
　12月　五四　爺様と猿　『旅と伝説』第七年第一二号
昭和一〇年（一九三五）
　6月　鹿角郡昔話――秋田県鹿角郡宮川村――　『昔話研究』第二号

7月　鹿角郡昔話（二）『昔話研究』第三号

六　「猿と蟹」に見る昔話と方言の一体性

『旅と伝説』第四年第四号の「鹿角郡昔話五篇」の五話は、すべて鹿角郡宮川村長峯（現鹿角市）の阿部ていという四九歳の人から聞いています。この人は叔母さんです。母方か父方かわかりませんが、叔母さんが静岡県にやって来たときに聞いた話です。その中に「一、猿と蟹」という話があります。昭和五七年（一九八二）、『日本昔話通観　第五巻　秋田』が出ます。三〇年前ですのでもう古いのですけれども、これは「512　餅争い―仇討ち型」の典型話に選ばれています。秋田を代表する話として載った一級資料です。

　最初は「昔あつたどしア」、最後は「どツとはれア」とあります。昔話の形式をちゃんと載せています。少し丁寧に読んでみたいと思います。冒頭はこうです。

> 昔あつたどしア。猿は蟹に、「がにどな、がにどな、穂拾ひして餅搗かねアな」と云つた。蟹は「おー」て承知して、二人で穂拾ひした。そして米にこなして、どこからか臼を持つて来た。そしたば猿は、「高いひらさ行つて搗ぐべー」と云つた。

　この「べー」が誤りです。「搗ぐべー」ではなく、「搗ぐべし」としなくてはいけません。

「ひら」に傍点があります。『鹿角方言集』を見ると、「ヒラ　山の中腹の傾斜な処」とあります。つまり、方言集と昔話がセットになっているのです。猿は蟹に、「山の中の高い傾斜のある場所に行って餅を搗こう」と言ったのです。蟹も承知して山に登っていきます。

蟹は「こゝらだらえがな」て云ふと、「まちんと」と云ふ。又幾らか登つて行つて、「こゝらでえがな」と云ふと、猿は又「まちんと」と云ふ。たうとう山のでつちように登つて、「こゝで搗ぐべー」と云つて、えんさど、がツたらやと餅を搗いた。

今、秋田では「まちんと」と言いますか。『鹿角方言集』に「マチント　もう少し。もう一寸」とあります。「山のでつちよう」には傍点が振られています。『鹿角方言集』には「でつちよう」がありません。原稿が残っていて、野村純一編著の『柳田国男未採択昔話聚稿』を見ると、「(絶頂)」と付いています。「山の絶頂」という意味です。「こゝで搗ぐべー」は「搗ぐべし」でなくてはなりません。

つき上がる頃に、猿はずるい考へを起して、一人で餅を食つてけべと思つて、臼をでツくと転ばした。臼はごろ〳〵とひらを転がり落ちて行つた。猿は其後をぼん〳〵跳ねてぼつかけで行つた。蟹はてんどけアして「あやゝ仕方ねアでア」と、泣きながら降りて行つた。そしたら途中のしだかぶ（藪）さ餅がごツとり落ちて居た。これア勝負した（しめた）と思つて、蟹は其餅を食つて居た。

猿が一人で食べようと思って臼を転がしたら、餅が途中で落ちてしまって、後から行った蟹がその餅を食べていたのです。でっちょうが上で、ひらが下にあり、臼はひらを転がり落ちていったことになります。「ぼつかけ」は「追ひかける」という意味で、『鹿角方言集』に「ボッカゲル」「ボンガゲル」と出てきます。「てんどけアして」は、『鹿角方言集』には「テンドケェァス」と出てきて、意味は「吃驚仰天す。胆をつぶす」です。「しだかぶ」も、『鹿角方言集』に「シンダカンブ　やぶ。藪」と出てきます。「勝負した」も、「ションブシタ」「ションブンケタ」で、「しめた。よかつた。うまくやつた」と『鹿角方言集』にあります。

そこさ猿が眼玉をきよろ〳〵させながら来て、「がにどな、がにどな、餅ア落ぢで無がけな」と云つた。蟹は正直に「ちんと落ぢでだ」と云つた。猿は「俺さも呉ねアな」と云ふと、蟹は「そんだ（そなたは）落してやつた臼さ入つてるのを食んだ」と云ふ。猿は「臼さば入つて無がけ。その土こ附いでる所、俺さ呉ろ」と頼んだが、蟹に「土こ附いでも灰こ附いでも、あツぽろぎかツぽろぎ食へばうまく候」と言はれたので、真赤になつて怒つてしまつて、「そんだら是から山々の千疋猿集めで、蟹の甲羅ぶツぱなしてける」と云つて山に行つた。其後に蟹は「あえん、あえん」と啼いて居た。

そこに猿がやってきて餅が落ちてなかったかと探しますが、蟹は臼に入っているのを食うように言って、喧嘩になります。「チント」も『鹿角方言集』にあり、「少し。少量」の意味です。「ソンダ」も『鹿角方言集』にあり、「貴方。お前さん」の意味です。「あツぽろぎかツぽろぎ」は見えませんが、『鹿角方言集』で「ホログ」は「振り落とす。ばたばた叩いて払ふ」という意味です。餅に付いた汚いゴミを丁寧に払い落として食べればいいと言うのは、いじわるされた仕返しですね。「ぶツぱなす」は方言だと思いますが、後ろには「打放す」とあります。猿は山々の千疋猿を集めて、お前の甲羅を潰してやると言い放って行ったのです。ここまでは前半です。後半は仇討ちになります。「猿蟹合戦」と同じようなものです。

そこへ橡《とち》が来て、「何して泣いでるど」と聴いた。「猿ア今に山々の千疋猿集めで、蟹の甲ら打放してけるて、しえた（さう云つた）もの」と云ふと、橡は「泣きとらな、泣きとらな、俺ア助太刀さ、へアんて」と云つて慰めた。そこへ又蜂が来た。次に牛の糞ア来た。それから杵と臼とが来て、皆蟹に助太刀することになつた。それで臼と杵は、には梁の上に、牛の糞はにはの隅に、蜂は窓にとまり、蟹は水ぎツち（水槽）の中に、橡は炉の中に居た。さうした処さ猿が入つて来て、炉に踏ん跨がり、「あ寒い〱」と云つて、火をぼか〱と掘ツげアした。

「しえた」は「しえった」と同じで、「さう云つた」の意味でいいでしょう。「とらな」も方言だと思います。「泣きとらな」は「泣いているな」という意味でしょう。「へアんて」も『鹿角方言集』には出てきません。「してやるから」という意味でしょう。「には」は「屋内の土間」のことで、『鹿角方言集』には「ニワ」「ニヤ」とあります。「水ぎツち」の「キッツ」が『鹿角方言集』にあって、「厚板にて箱状に作り水など溜めて置くもの。水ギッツ(水槽)」と説明しています。

そしたばどちんと椽ははねで、金玉焼けどした。「熱ちでア〱」と云つて、台所の水ぎツちで冷さうとしたら、蟹にじやきんと挟まれた。「あゝ痛でア〱」といふところを、ぎツちやりど蜂に頬ぺた刺されで、泡食つて外さ逃げる拍子に、牛の糞ですらツと滑べらして、ずてんとひツくりげアた処さ、臼と杵がのちんと落ぢで来で、猿アがツ潰されだ。どツとはれア。

最初に取り上げたこの話だけでも優れた報告であることは、大方が認めるところでしょう。

擬態語が実に豊かで、かつての昔話を知ることができます。すべての方言が『鹿角方言集』に出てくるわけではありませんが、昔話と方言が密着していることは確かです。内田武志の方言研究と昔話研究が一体化していることがこの一話だけでもよくわかります。

七 『旅と伝説』に載った二つの怪談

「鹿角郡昔話五篇」の「二、米ぶき・粟ぶき」は『日本昔話通観』では「38 米福粟福―継子の栗拾い」で、シンデレラ型の話です。「三、鼠の国」は「1 鼠の浄土―隣の爺型」です。「四、瓜子姫子」は「35 瓜姫とあまのじゃく―仇討ち型」です。これは柳田も「瓜子織姫」（『桃太郎の誕生』三省堂、一九三三年）で引いた話ですが、やまのさぐが瓜子姫子を食ってしまい、瓜子姫子に化けていると、鳥が鳴いて知らせます。鳥の鳴き声を聞いた爺様と婆様が不審に思って、「瓜子姫子、瓜子姫子、しつこ出ないな」と言って無理やりさせたら、瓜子姫子が尻を捲った拍子に、尾がだらりと出て化けの皮が顕れて殺されたと展開します。

「五、歌をうたふ猫」は、『日本昔話通観』では「135 猫の秘密」として出てきます。ちょっと触れてみましょう。

或時婆様が一人留守居をして炉にあたりながら、「誰も居なくてきやない（退屈）な」

と云つた。すると其傍に居た猫が突然口をきいて、「婆様、婆様、そんだら俺が歌ふから、誰さも黙つてしやべらないでくだい」と云つた。婆様はよしく〳〵と承知すると、其猫はとろゝとする様な真に好い声で歌をうたつた。其うちに息子が帰つて家の近くに来ると、屋内から何とも言へない好い声の歌が聞えて来るので、其まゝ外に立つて聞いて居た。やがて其声がやんだので、今来たと云つて内に入つたが、婆様の他には誰も居なかつた。「婆様婆様、今歌つて居たのは誰でや」と尋ねると、婆様は俺だと答へた。「んにや婆で無いでや。とても好い声だつけもの。んでや、誰でや」ときいた。婆様も最初は黙つて居たが、余りしつこく訊くので、たうとう「あのな、今猫が」と云ひ出したらその途端に、側の猫がぱつと飛びかゝつて、婆様の喉笛を咬み切つてしまつた。

猫が歌を歌うが、それを誰にもしゃべるなと婆様に念を押したのに、婆様はそれを破って殺されるという恐ろしい話です。末尾に柳田の注記があって、「▽此話は普通に昔話といふものゝ型にははまつて居ないが、相応に弘く分布して居る。恐らく話者が昔話をした人であつたのから、自然に其中に入れられたのであらう」と指摘しています。昔話とはちょっと質の違う話ですが、入れておいたのです。

柳田は五話だけ取り上げ、「狐と川獺」「山姥と小僧」「あらん子小らん子」「悪戯小僧」「猿と爺様」「猫又」の題名だけ載せます。みな叔母さんの阿部ていから聞いた話でしょう。

後に、「狐と川獺」から「悪戯小僧」までは『昔話研究』に載り、「猿と爺様」「猫又」は『旅と伝説』に載ります。

この時は外しましたけれども、三年後の昭和九年（一九三四）の『旅と伝説』第七年第一二号で、「昔話特輯号」を出した時に、「一五　猫又」以下の四話を取り上げています。「猫又」を見てみましょう。

或人が尾去沢《をさりざは》から山越して毛馬内《けまない》に行かうと思つて新田に出たが、それから迷つて遥か知らない山に来て仕舞つた。其中に日が暮れて来たので困つて居ると、向ふに明るい大きな家が見えたので泊めて貰ひに行つた。台所には大勢の女子供ががやがやして居たが、泊めて下さいと頼むと、常居の方に通された。其中にどやどや、かぐぢ（裏）に行く音がしたが、しばらく経つと、後の襖《ふすま》が開いて年寄つた婆様が入つて来て「とつちやま、お久振りだなし。どでん（吃驚《びつくり》）召さないで下い。私は祖父様に永年育てられた三毛猫だんし。此処は猫又と云つて村の余り猫が集る処で、今お前様の夜具布団を取りに行つたが、此処に居ると食はれるから早く逃げで御座い。此の床の間の隅にもと穴があるからそれをくゞると縁の下に出る。そして門を出はれば川があつて、此川を渡りさへすれば猫が行けないからもう安心だ。早くして御座い。」と云つた。男は成程祖父様の代に三毛猫が年寄つて居なくなつた事があつたが、此猫だつたのかと思つた。そして云はれた通りにして屋敷外に出、着物を頭に結けて川を渡りかけたら、後からにやごにやごと大勢の猫が追掛けて来て何もかも怖しかつたが、やつとの事で川を渡つて向岸に着いたら、猫達も後を追掛けて来なかつた。山を登つて行くと、其中に白々と夜が明けて、四辺を見たらとんでも無い方角に迷ひ込んで居たのであつた。それからやつと道を見附けて家に帰つた。

つまり、年取った三毛猫が村の余り猫（のら猫）の集まる「猫又」という場所にいたが、婆様の姿になって恩のある孫を助けるという話です。尾去沢から毛馬内に行く途中で遭った出来事として伝説化しています。これは『日本昔話通観』では「246　猫山」の典型話になっています。先ほどの「歌をうたふ猫」で、猫が婆様を噛み殺す話と対応しているように思います。

兼好法師の『徒然草』第八九段には、奥山に猫又がいて、人をとって食うという噂があり、夜、連歌法師が賭け物をして帰ると、何かが飛びついてきて、「猫又だ、猫又だ」と大騒ぎしますが、それは主人の帰りを待っていた犬だったという話が出てきます。『徒然草』は一四世紀ですが、二〇世紀に、秋田県では猫又という場所を訪れて殺されそうになるという怪談として語られていたのです。

その後に、「四六　金をひる犬」「五三　雁取り爺」「五四　爺様と猿」が出てきますけれども、それぞれ「257　水の神の文使い」「128　雁取り爺」「101　猿地蔵―成功型」に属する話です。ここまでが『旅と伝説』に載ったものです。しかし、内田の報告は断片的で、一冊の本になるほど集められませんでした。お母さんや叔母さんから聞いていますが、すべて身内から聞いたものです。これらの資料は静岡市で聞いた話で、鹿角に戻って昔話を集めることはできなかったのです。調査に限界があったことは間違いありません。

八　『昔話研究』に載った昔話と実話

さらに残った資料は『昔話研究』に載りました。「一　山姥と子僧」「二　あらんこ、こらんこ」は「4　三枚のお札―鬼を一口型」「76　おりんこ・こりんこ」に属しますが、ここで読んでおきたいのは「三　生れ子の運定め」という話です。

昔、年中旅をして、途中は何時も野宿して歩く人があつた。或日山で日が暮れてしまつたが、大きな石があつたので其傍に泊る事にした。するとと夜なかになつて「お石さん〳〵」と箒《はぎ》の神様が石の神様を呼びに来た。「今夜村の誰々にお産がある様だが歩くべし」石は「いや、今夜は客があつて行かれない」と断つた。暫くしてから又箒の神様が戻つてきて「生れた児は男だつけ。ゝゝゝめアじよなを持《たな》つて生れたから大工になるべ。そして十七歳になれば死ぬな」と話してゐた。

翌朝その人は村に下つて行つて、聞いてみると昨晩の話の通り、某の家に男児が生れたと云ふ事であつた。

それから十七年経つてから其の人は又、其の時の村に行つてみた。そして様子を聞いてみると、その男の児は大工になつたが、屋根から落ちて死んでしまひ、丁度其の日は七日目の法事をしてゐる処であつた。そこで其の人はそこの家に行き、十七年前の石と箒の神様の話をしたと謂ふ。

「めアじよな」は方言ですけれども、意味が出てきません。あまりよくない運という意味でしょうか。この話は生まれ子の運命を予言する話です。大工になって死ぬ時は「虻と手斧」のようなモチーフを持ちますが、この話は昔話が具体性を失って、世間話になってゆく途中なのだろうと思います。その後に、ちょっと重要なことがあります。

自分（話者）の父親がある時、盛岡に行つて泊り、其夜、便所に行かうと外へ出てみると、真暗な中から話声が聞えてきた。「何処其処では男の児が生れたが、あれは十七になれば、大工になつて屋根から落ちて死んでしまふ。」

其後、盛岡の人に聞いたら、果して其通りであつたと、生前父親がよく語つてゐた。

これは昔話ではなく、実話です。先の話の話者は、「六　ホンヂギとマハチブ」のところにある秋田県鹿角郡尾去沢村（現鹿角市）の栗山てるという五七歳の人ですから、その父親の経験だと思います。つまり、昔話としても実話としても、「生れ子の運定め」が語られていることを明らかにしたのです。

この栗山てるという人の話には、子供に関わる話が多く見られ、次の「四　子供育て」もそうです。

昔ある処に殿様があつたが、その家では、どうした事か、子供が育たず、皆生れると間もなく亡くなつて仕舞ふのであつた。

処が子供を育てるに上手な婦人のある事を聞いて、今度生れた子供はその女に預けて育てゝ貰ふ事にした。

其の女は、四方が板ですつかり塞がつた部屋を作つて貰ひ、決して誰も覗いてはならぬと云つて其の中に子供を連れて入つて行つた。

見るなと云はれゝば尚見たいもので、そつと節穴から覗いて見た者があつた。すると部屋の真中には、女が真裸になつて寝転び、その体の上に子供を載せて、肌のぬ、く、みを付けてゐるのであつた。

肌のぬくみと云ふものは弱い赤児には大変よいものだと謂ふ事である。

殿様は子供が生まれると亡くなってしまうので、子育ての上手な婦人に子供を預けると、婦人は部屋の中に入って、自分のぬくもりで抱きしめて育てていたというのです。「鶴の恩返し」みたいに、女は禁止事項を与えるわけですが、見るなと言われると見たくなるのが人情です。

栗山てるという人から聞いた話は、寿命が決まっていて死んでしまったり、生まれてもなかなか育たなかったりする話です。血友病を抱えていた内田武志にとって、こうした話は他人事ではすまなかったのではないかと思います。一七歳で死んでしまった男の運命の話や、生まれて間もなく死んでしまった子供の話は、他人事とは思えずに聞いたにちがいありません。栗山てるという人がどういうつながりで話したのかはわかりません。内田は尾去沢に帰れなかったので、何かの縁で訪ねてきた人で、その話を書きとめたのだと思います。他に「五　雉の卵」「六　ホンヂキとマハチブ」「七　狐と川獺」「八　悪戯小僧」がありますが、今は省略します。最後の二話の話者は阿部ていです。

九　『民俗学』に載った「猫の尾の毒」

一方、昭和八年（一九三三）の『民俗学』第五巻第五号に載った「猫の尾の毒」は、とても興味深い話です。

昔花輪町に井上長左衛門と云ふ大家があつて其家では猫と鶏とを飼つてゐた。或る日その猫が主人のお膳の上をぽんと跳ねて尻尾をぷるぷるつと振つた。猫の尾つぱには毒があつて振るとその毒が落ちるもんだと云ふ。それを見た鶏は梁の上から羽根をばつためがして塵を落しその御飯の中に入れて食はれなくして仕舞つた。二度もそんな事をしたので、其処の主人は怒り鶏を氏神さんのお堂さ持つて行つて放して来た。

その晩、旅の六部が来てそのお堂に泊つた。そしたら鶏が六部の枕がみに立つて「かう云ふ家の猫がかうかうして主人を殺して自分が其処の主人になほる気になつてる。俺ァそれに気附いて邪魔したば此のお堂さ持つて来られで棄てられで仕舞つた。今朝も早ぐ行がねァば主人が殺されるがも知れねァ。早ぐ行つて助けで呉ろ」と云つた。六部は眼を覚ましてみだら、枕元に夢で見だのと同じ鶏が羽ばだぎしてゐた。これァ本当の事がも知れないと思つて聞いた通りに其家に尋ねて行つた。「お早やがんし」と入つて行くと「六部さんお早やがんし」と其処の主人は家の中に上げてくれたので、炉辺に坐つて黙つて見てゐた。そしたば丁度朝飯になる処で主人のお膳を持つて行く時に其傍さ寄つて来た猫が其膳の上をぷんと跳ねて尾つぱをぷるぷるつと動かした。それを見だ六部はこれだなと思つて「そのお膳を一寸控へで呉んだえ。先づその飯を犬に食はせで見でくんだえ」と云つた。その通りにしたば、犬はくるくるつと廻つてころつと死んで仕舞つた。そこで六部は鶏が枕がみに立つた事を皆に話した。それがら鶏は又其家に連れで来られて死ぬ迄養はれた。
鶏は恩を忘れず、猫は恩を仇で返すもんだと云ふ。

これも尾去沢村の栗山てるという人の話です。一方で、静岡県駿東郡長泉村（現長泉町）地方でもこういう話があるとします。

昔或る家で一匹の猫を長い間養つてゐた。その猫は家人の居ない隙を見ては鍋の蓋を取つて尾を振つた。或る日それを其家の老母が見付けて不思議がり、猫が外へ出る時後をつけて行くと裏の竹藪に入つた。そして一本の竹の切口に尾を入れて又家の方に行つた。老母はその竹の切口を見て驚いた。少し水の溜つた切口の中には一匹の死んだ青蜥蜴《あをとかげ》が入つて居た。猫はその蜥蜴の水を尾につけて来ては鍋の中に垂らして居たのである。

これも猫が家族を毒殺しようとしていた話です。先の「歌をうたふ猫」「猫又」から一連の関心を見ることができます。それはともかく、この「猫の尾の毒」では、秋田県にも静岡県にもよく似た話があることを発見して比較しているのです。

これにはきっかけがあって、この雑誌に石田幹之助（一八九一～一九七四）が一〇世紀の『旧唐書』にシリアの話として毒を感知する鳥の話があることを紹介します。すると、佐々木精一が奥州にも一八世紀の『奥羽観蹟聞老志』にそういう話があると報告します。そして、浅田勇が八世紀の『アラビアンナイト』にもインド・イラン・近東地域の話があると報告します。つまり、中央アジアにある話と日本の奥州にある話が似ていることが話題になっていたので、内田は秋田県と静岡県にも似た話があることを報告したのです。

一〇　『鹿角方言集』の達成と限界

そして、昭和一一年九月に『鹿角方言集』が出ます。昭和五年頃にはまとまっていたようですから、発刊まで六年間近く眠ってしまったことになります。

これには、方言研究の第一人者・東条操（一八八四〜一九六六）の「序」が載っています。そこには、「よき方言集のできるためには、まづよき採集者がなければならない」、そして、「よき方言集を作るためにはよき地域の選択が必要である」とし、この『鹿角方言集』は、内田武志というよき採集者を得、鹿角というよき地域を選んだとあります。

さらに、「蒐集が完全で説明が周到である」、「単語の選択法がまた光つてゐる」、そして、「実際に耳に聞かず口にしない言葉は一切之を採らなかつたといふ点に資料に統一があり絶対の信頼がおける」として、「土地も土地、人も人、双絶の方言集と称すべきであらう」と絶賛するのです。

一方、「自序」には、「鹿角郡は一般的に観て方言区劃上、南部方言の領域に属してゐる」

とあります。「方言区劃」とは、方言によって地域を区画する東条操の理論です。そして、鹿角も北鹿角と南鹿角に分かれ、宮川村でも長谷川方面と宮麓方面では対照的だと述べます。「昭和八年二月廿一日」の日付になっていますので、今から八〇年ほど前には、鹿角でも北鹿角と南鹿角では言葉が違い、さらに集落ごとに言葉が違うほどだったのです。この時代には方言が生々しく生きていて、言葉をしゃべればあそこの集落の人だということがわかったはずです。

さらに詳細な説明が続きます。谷内の語調は尾去沢村と似ていて、鉱山地帯ですからカネホリ言葉が行われます。一方、花輪町の方は町言葉が行われ、上品な語です。小坂には鉱山開発の関係から盛岡言葉も行われていると書いています。しかし、「鹿角郡には嘗て纏つた方言集は発表されて居らぬ様である」とします。そして、柳田国男が「地理的にみて重要な地であつて未だ方言集の出来て居らぬ処として鹿角郡の名も挙げて居られる」と述べます。

具体的には、「かねて自分の記憶や父母から聞いた語を気附く毎に書留めて置いたもの」と「其の夏、郷里から阿部貞子叔母の来静したのに訊ねたりして大分集つた方言」、これらをまとめています。阿部貞子は昔話を語った阿部ていと同一人物でしょう。原稿は柳田から東条に回覧され、やがて序文を書いてもらうことになったのです。東条の「序」は「昭和十一年八月」ですから、刊行の直前に書かれたものです。

末尾には、「この集は直接自分の耳から聞いた語のみを採録したもので書籍に見えても実際に聞いた事のない語は一切採らなかつた」とありますので、厳密な方法意識でまとめたのです。しかし、「山言葉や農業に関する言葉等、記すべきもの丶多くして挿入する事の出来なかつたのは自分ながら不本意な事であるが、何時か機会に恵まれて臨地採集の出来る日を俟ちたいと思ふ」としています。つまり、『鹿角方言集』は、鹿角ではなく、静岡で作った方言集であり、「臨地採集」ができなかったことに限界があったのです。

この「自序」は昭和八年に書かれていますけれども、次のような「追記」があります。

愈々言語誌叢刊の一冊として発刊されんとしてゐるが、最初これを纏めてから早や五ケ年も経過してゐる。今又これを読みかへしてみると不満足な箇所が少くない。殊に現今の方言学界の趨勢から見て説明不十分の点が目に立つ。然し帰郷して実地調査をする事の出来なかつた自分としては致し方ない。(中略)

尚此の集は音韻、語法篇が頁の都合に依つて割愛され単語篇のみ刊行される事となつた。音韻語法に関する事は同篇に詳記してあるので此の単語篇には記載を省略したものが少くない。いさゝか心残りであるがこれも致し方ない。只此の方言集を読まれる方に是非説明して置かねばならないのは新文字「エア」を使用してある事で之は大体発音符号の「æ」を現はすものであるからその積りで御覧願ひたい。

その後に「凡例」が出ていて、職業や地域・性別などの注記があることも述べられています。この方言集のどこを印刷してもよかったのですが、一四四頁と一四五頁の「ト」から「ナ」にかけてのところを見てみます。

例えば、「トンテギ」は「粗忽者。そそつかしや」の意味で、「――ダ奴ダ」とあります。「ナエフト」は「仕様の無い人」、「ナガンド」は「媒酌人。シェァノガミサマに同じ」とあります。「シェァノガミサマ」には「(一)塞神様。(二)媒酌人」とあって、対応していいます。内田が知る範囲でまとめたものですが、昔話で見ましたように、大切な言葉は注意深く説明しているように思います。

おもしろいのは「ナギデ」でしょう。「葬式の時傭はれて泣き叫ぶ役をする者。棺の前で死者の生前の善行を讃へ、遺族の悲歎を述べて哭きくどき、又葬列中でも大声で哭き、埋葬の際は墓穴を掩はんばかりにして哭きくどくと謂ふ。〔尾去沢村元山〕」とあります。これは、いわゆる泣き女のことです。今でも韓国や北朝鮮ではそうだと思いますが、大声で泣いて死者の死を悲しみます。ああいうアジアにある泣き女の習俗が尾去沢では生きていたのです。注意すべきところは、「……哭きくどくと謂ふ。」という記述です。この「と謂ふ」からすれば、内田はその場面を見たことがなかったはずです。これが内田武志の厳密なところであり、同時にそれが限界になっていることを示します。

母や叔母から話を聞くと、尾去沢村元山地域では、泣き女の習俗が生きているが、見たことがなかった、見ていないけれども、確かに見た人がそう言っているので、それを記録するということです。おそらく急速に消えてゆきつつある習俗だけれども、まだ生きていることを尊重したのです。しかし、内田は見たこともないということが「ナギデ」の記述からわかります。『鹿角方言集』は故郷の方言集ですけれども、「臨地採集」ができなかったことが細部によく表れています。

もうこのくらいで終わりにしますが、実は二〇代の内田武志が一生懸命集めたのは、震災の後大正一三年から移り住んだ静岡市近郊の方言でした。その結果、昭和九年二月に『静岡県方言集』という小さな本が出ます。蒲原有明が「序」を書いて、たいへん褒めています。内田は杖を突いて静岡市の漁村などを歩いたようです。

冒頭で渋沢敬三の「歩けぬ採訪者」を引きましたけれども、彼は歩かずに膨大な方言を集めたのです。なぜ歩かずに静岡県内の方言を集められたのかというと、アンケート方式を採用したことによります。学校の生徒に方言調査の報告を送ってもらって、それをもとに静岡県の方言を集大成したのです。内田は何も言っていませんが、歩かずして方言調査をした達成とともに、その限界を深く感じていたはずです。

昭和一六年に『静岡県方言誌』が完結した後、内田は戦後まで沈黙します。戦争が激しかっただけではなく、方言研究を止めて真澄研究に行く沈黙の時間を考えざるを得ません。そこに健康と学問の問題があったのではないかと感じます。それにしても、内田武志の優れて科学的なものの見方は、この後の真澄研究に生かされてゆきます。この次には、方言研究の極致だと思いますが、『静岡県方言誌』についてお話しして、真澄研究につなげたいと思います。

（二〇一二年六月三〇日、秋田県立博物館講堂にて講演）

参考文献

・秋田魁新報社編『秋田人名大事典』秋田魁新報社、二〇〇〇年。
・稲田浩二・小沢俊夫責任編集『日本昔話通観　第五巻　秋田』同朋舎、一九八二年。
・日本常民文化研究所編『日本常民文化資料叢書　第一四巻』三一書房、一九七三年。
・野村純一編著『柳田国男未採択昔話聚稿』瑞木書房、二〇〇二年。
・『静岡県立葵文庫一覧』静岡県立葵文庫、一九三〇年。

付記

県文化財保護室の「昔話・伝説・言い伝えなどによる地域活性化事業」については、『昔話・伝説・言い伝えなどによる地域活性化事業事業報告書』（昔話・伝説・言い伝えなどによる地域活性化事業実行委員会、二〇一三年）がまとめられています。

II　静岡県と星座の方言の集大成

一　菅江真澄研究に至る軌跡をたどる意味

近年の菅江真澄研究は大変な勢いで進んでいます。和歌の読み直し、ジオパークとの連動などによって、真澄が残した二百年前の記録が大きな価値を持ってきています。そうしたことが進むために、秋田県立博物館の菅江真澄資料センターが果たしてきた事業が下支えになってきたことは間違いありません。この間の地道な積み重ねが、さまざまな場で大きな花が開くための土壌になっているように思います。

今年（二〇一三）七月一三日に東京の四谷で「菅江真澄とナマハゲ」という催しを開きます。秋田県人に、「おらほの真澄のままでなく、おらほの真澄を東京に出してもらいたい」ということを何回かお願いしてきました。真澄を秋田県の財産にするだけではなく、日本の文化遺産にすることができれば、それがやがて秋田県に返ってくるのではないかという壮大な展望があります（本書に「IX　菅江真澄と秋田文化」として収録）。

この連続講演「内田武志の軌跡」は、昨年（二〇一二）第一回を行い、鹿角の方言と昔話についてお話ししましたが、今日は静岡県の方言についてお話しします。秋田県立博物館で静岡県の話というのはやや場違いな感じも致しますが、内田武志の菅江真澄研究への道筋をたどるために、どうしても通らなければならない道筋であると考えて、今日は静岡県の話をしたいと思うのです。

昭和初期の熱狂から見ると、やや中だるみの状態であった菅江真澄研究は戦後になって復活し、今日に至ります。その際、読みやすい現代語の抄訳を提供した『菅江真澄遊覧記』、研究の基礎的な資料を集大成した『菅江真澄全集』を作った内田武志（一九〇九〜八〇）の功績を抜きに考えることはできません。今、私どもは内田の残した遺産に全面的に依存することで菅江真澄（一七五四〜一八二九）と接しているからです。

内田が何を考えて、七一年に及ぶ人生を生き抜いたのかということを考えてみなければなりません。血友病という不治の病を抱えた人生において、菅江真澄を研究することは大きな生き甲斐だったはずです。後半生の菅江真澄研究の検証に入ってゆくためには、どうしても前半生の方言研究を見なければなりません。

二　方言研究における静岡県の重要性

内田武志は大正一二年（一九二三）、ふるさとの鹿角を離れ、八月から神奈川県の鎌倉に移り住みます。ところが、翌月の九月一日に関東大震災が起こり、鎌倉で被災します。この時は相模湾北西部を震源地とするマグニチュード7・9の大地震でしたので、震源地に近い鎌倉では大きな揺れがあり、さらに津波が襲いました。そうした大災害を生き抜いて、翌年（一九二四）、静岡に移り住みます。一五歳で県立静岡商業学校に入学しますが、血友病が重くなってゆき、病気のために学業を途中で止めざるを得なくなります。

そういう状況の中でも、静岡と関わりながら、自分の生き方を考えてゆきます。後で述べますように、内田の言葉の中に、「居るところに依って仕事を進めるのが自分の方針である」という一節があります。この生き方は極めて重要です。静岡へ行ったら静岡で自分のやるべきことを探し、秋田に戻ったなら秋田でやるべきことを探すからです。自分が生活する場所で課題を見つけ、それについて研究を深めるのです。「住めば都」という諺がありますけれども、彼の学問はそのようにして花開いてゆきました。

静岡県に行ったことは、結果的に見れば、後の菅江真澄研究に向かう大きな足取りになったと思われます。静岡県は、秋田から見るとずいぶん遠い感じがしますが、東京からは関西に行く通過点であり、日本列島の東と西の中間地域に当たります。これから述べるように、東の文化と西の文化の接触地である静岡県は、方言の分布を考える上で重要な地域であるという認識があったと思います。

折しも昭和に入ってから、方言研究が急速に進みます。先導者の一人が柳田国男（一八七五～一九六二）であり、昭和二年（一九二七）、『人類学雑誌』に「蝸牛考」という論文を連載し、さらに昭和五年（一九三〇）に単行本の『蝸牛考』を出します。「蝸牛」というのはカタツムリのことですが、カタツムリの方言を知るために、東京朝日新聞社の肩書きを使って全国にアンケート用紙を配り、その結果を集計して論文にまとめたのです。

その結果立てた仮説が「方言周圏論」という考え方です。地図に一つ一つの事例を落とし、「蝸牛」に関する方言が同心円状に広がったことを証明してゆきます。文化の中心地・京都で新しい言葉が生まれて地方に伝播し、一番遠い青森や鹿児島あたりに古い言葉が残っていると考えました。それによって、南の文化と北の文化の近さを発見したのです。そうした仮説を実証する上で、最も典型的な事例が「蝸牛」だったわけです。

柳田は民俗学の中で方言を考えましたが、国語学の中からは東条操（一八八四～一九六六）という人が現れます。この人は「方言区画論」を唱えます。地域によって方言のあり方は違い、大きくは本土方言と沖縄方言に分かれ、本土方言は東部方言と西部方言、九州方言の三つの区画に分かれることを証明します。柳田は「発生」という視点で考えましたが、東条の場合は「現象」としてとらえようとしたのだと思われます。

その際、柳田の「方言周圏論」で言えば、静岡県は中央から地方に広がってゆく通過点ですが、東条の「方言区画論」では、静岡県は東部方言と西部方言の境界線に位置します。そうしたことを念頭に置くならば、静岡県の方言を明らかにすることは、一地域の方言を明らかにするのみならず、当時の方言研究の最も重要な研究課題に応えるものだったはずです。柳田国男も東条操も内田武志の仕事を心から支えましたが、その成果をこれからたどってみたいと思います。

三　蒲原有明の「序」が説く土地の人々の協力

前回、『鹿角方言集』は昭和五年くらいにできていましたが、遅れて昭和一一年（一九三六）の発行になったとお話ししました。その間の昭和九年（一九三四）に、『静岡県方言集』という小さな本が出ています。本は小さいけれども、『静岡県方言集』ですから、タイトルは大きいのです。

それに蒲原有明（一八七五～一九五二）が「序」を書いています。蒲原は詩人として知られ、新体詩時代の最高の到達点が蒲原有明であると評価する人もいます。柳田国男や島崎藤村（一八七二～一九四三）は新体詩人として活躍しましたが、同じ時代の空気を吸って生きた人です。けれども、大正に入ると文壇から遠ざかり、当時は静岡市鷹匠町に住んでいました。静岡という場所で、蒲原有明と内田武志は偶然出会うのです。

蒲原の「序」は、「内田君が北の奥地の寒国から移り来つて、この暖かな東海のほとりに住み着くやうになつた、その事すでに奇《くす》しき因縁であらう。内田君は所謂外来者の一人である」と始まります。秋田県から静岡県にやってきたことを言うのですが、大事なのは「外来者」という指摘です。つまり、静岡県で生まれ育った人間ではなく、外から来た人間であるという立場を重視するのです。

しかし、「外来者は兎角遠慮がちに物を言はねばならない。それが殊にその地方に関する事柄となれば猶更である」として、外来者がその地方の事柄を取り上げるのは遠慮がちになると指摘します。現に今、私は東京から秋田に来て菅江真澄の話を続けていますが、それは本末転倒だと言われても仕方がありません。柳田国男が考えたように、外来者がその土地に住む人間の心のひだまで理解できるかと言えば、それはなかなか難しい。けれども、外来者が果たすべき役割もあると思うのです。

さらに、内田が「方言の採集」を企てて、『静岡県方言集』を出版するのは、「一に採集その法に適《かな》ひ、且又方言研究の盛んな時運に際会した賜物と云へば云はれぬこともない」としながらも、「それだけでは採集者の志がかくも早く酬《むく》いられるに至らなかつた筈である」と指摘します。研究の方法や時代の流行だけでは、「外来者」を容易に受け付けない地方にあって出版は難しく、それを支える支援が必要だというのです。

蒲原は、「この地方の人士が、自家の宝蔵を探るに任せたばかりでなく、これを公開するまでの寛容を示されたことに就て、著者はその享《う》けた厚福を如何に感謝すべきであらうか」とする。「か」と疑問で示しますが、内田に惜しみなく土地の言葉を教えて、公開を許容した土地の人々に感謝するべきだと指摘するのです。

こうしたことを述べた蒲原は、この頃、昔の友達である柳田国男が進めていた郷土研究に深い興味を持っていました。「内田君は最初石川啄木に就いての意見を抱いて草庵を叩かれたのであるが、文学上の議論を好まぬ自分は、その代りに郷土研究の興味を鼓吹した」と述べています。蒲原は内田に郷土研究の意義を説き、その結果生まれたこの方言集は「分量に於て甚だ貧しい」が、「民俗的意義を有つものを主要の部分とし、特殊の方面では漁村の語彙を載せてゐる」ことを評価したのです。

さらに、内田には出版を助ける協力者がいました。この方言集は麗沢叢書の中の一冊として出ますが、麗沢叢書は静岡市で郷土出版物を数多く出版している矢島屋書店に置かれた麗沢叢書刊行会で発行しています。中心人物であった法月俊郎《のりづきとしろう》（一八八八〜一九六八）の理解があって、出版に踏み切ることができたのです。蒲原は、そのような土地の人々の深い理解の上で、この小さな方言集が出たことを指摘しているのです。

そして、蒲原はこの方言集に出てくる言葉を取り上げます。まずあげるのはオカンジャケという玩具です。オカンジャケというのはとても不思議な物ですけれども、竹を二節ほどで切り、半分を小石などで丁寧に叩いて糸状にしてゆき、箒《ほうき》のようにします。大きさは四〇センチから五〇センチもあって意外に大きく、紫色・赤色・青色に塗ったりします。

オカンジャケで男の子は戦遊びをしたり、和尚さんが払子《ほっす》を振る真似をしたりしますが、女の子は日本髪の結い方を習うそうです。ですから、男の子にとっても女の子にとっても遊び道具なのです。蒲原は、静岡県にある珍しい玩具について書かれているので、こういったもののルーツを探る契機になるのではないかと言っています。

二つめにあげるのはオキノコゾウです。オキノコゾウというのはアホウドリのことです。今は特別天然記念物であり、国際保護鳥にもなっているアホウドリをオキノコゾウと呼びました。今、鳥島などでしか見られなくなっていますが、この出版の少し前までは静岡県の浜辺近くにやってきたのです。『静岡県方言集』の本文には、「信夫翁。以前は浜辺近くにも来たが今は見掛けなくなつたと謂ふ」とあります。

蒲原は、オカンジャケにしても、オキノコゾウにしても、文化的な意味を持つ言葉について、この小さな方言集はきちんと接近していると指摘したのです。そして、「兎にも角にも言語と事物、言語と心理の関係を求めんとする場合に、方言は意外の光明を其間に投ずるものである。して見れば内田君のこの小著もこの郷土の埋もれんとする大切な資料を採集し整理した功労に加へて学問の利益を将来に確保する事業の一端といつてよいであらう」と結びました。消えゆく郷土資料を採集整理し、それは将来の学問のために役立つことになると述べたのです。

四　内田武志の「自序」「凡例」が述べる経緯

一方、体の具合の悪かった内田武志は、初めての小さな本に「自序」を残しています。「大震災の翌年に静岡に移り来つて住む様になつてから早十年にもなり、この静岡が第二の故郷と云つてもよい様になつた」と始めます。鹿角が第一の故郷でしたが、鎌倉は残念ながら第二の故郷にならず、一〇年暮らした静岡が第二の故郷になったのです。静岡が第二の故郷と言えるようになった一番大きな理由は、方言を集めたことにあるでしょう。人々の話す方言を通して静岡と深く接することで、第二の故郷と呼べるようになったにちがいありません。故郷と方言が不可分の関係にあることを感じます。

内田は静岡で生活する中で、「常日頃耳に聴く方言を書留めたものや、採集に出掛けたり、調査紙を配布したりして蒐集調査した方言が大分溜つてきた」とします。まだ杖を突いて漁村の古老を訪ねることができた時期もあったのです。決定的なのは、柳田国男が「蝸牛考」をまとめる時に使ったようなアンケート調査を行ったことがあります。それによって、自分の経験を大きく超えてゆくことができたのです。

麗沢叢書に入れるに当たっては、枚数に制限があったので、語彙を選択する必要があったようです。そこで、第一に「民俗学的語彙」を採って訛語を排除しました。そして、「既成の書からは一語も採らず、全て自分で新しく調査した語彙」に限ったのです。その際、明治四三年（一九一〇）の静岡県師範学校・静岡県女子師範学校共編『静岡県方言辞典』（吉見書店）にあげてある語と重複しないように心掛けたそうです。そこにこの方言集の独自性があると主張しています。

内田自身、この「自序」で「他郷人たる自分には」と言っていますので、「第二の故郷」とは言いながら、蒲原有明が指摘したことについて強い自覚を持っていたと思います。最後に、法月俊郎の他、方言調査に協力してくれた人物として森田勝、大森栄、久米二次の名前をあげています。森田勝は静岡女子師範学校教諭、大森栄は静岡男子師範学校教諭、久米二次は焼津水産学校教諭です。つまり、静岡県内の学校の先生方の協力を得て、生徒たちにアンケートを頼んだのです。

その様子は「凡例」の中に出てきます。この方言集は「自分の実地採集と通信調査せる語、及学校生徒の方言調査報告等によつて集れる語彙の中より採録せるもの」でした。「学校生徒の方言調査報告」というのは、昭和六年（一九三一）以来、静岡男子師範学校、静岡女子師範学校、焼津水産学校の生徒たちから得たものでした。先生を通して、故郷を離れて寄宿舎で勉強している生徒たちが学期末の休暇に帰省する際に方言調査紙を配布し、帰省先で書いてもらったのです。

さらに「凡例」には、「斯様にして集れる二千枚の調査紙を本として、其の中から訛語は除き、出来るだけ未発表の方言を挙げる様に勉《つと》めた」とあります。内田が頼んだ方言調査紙

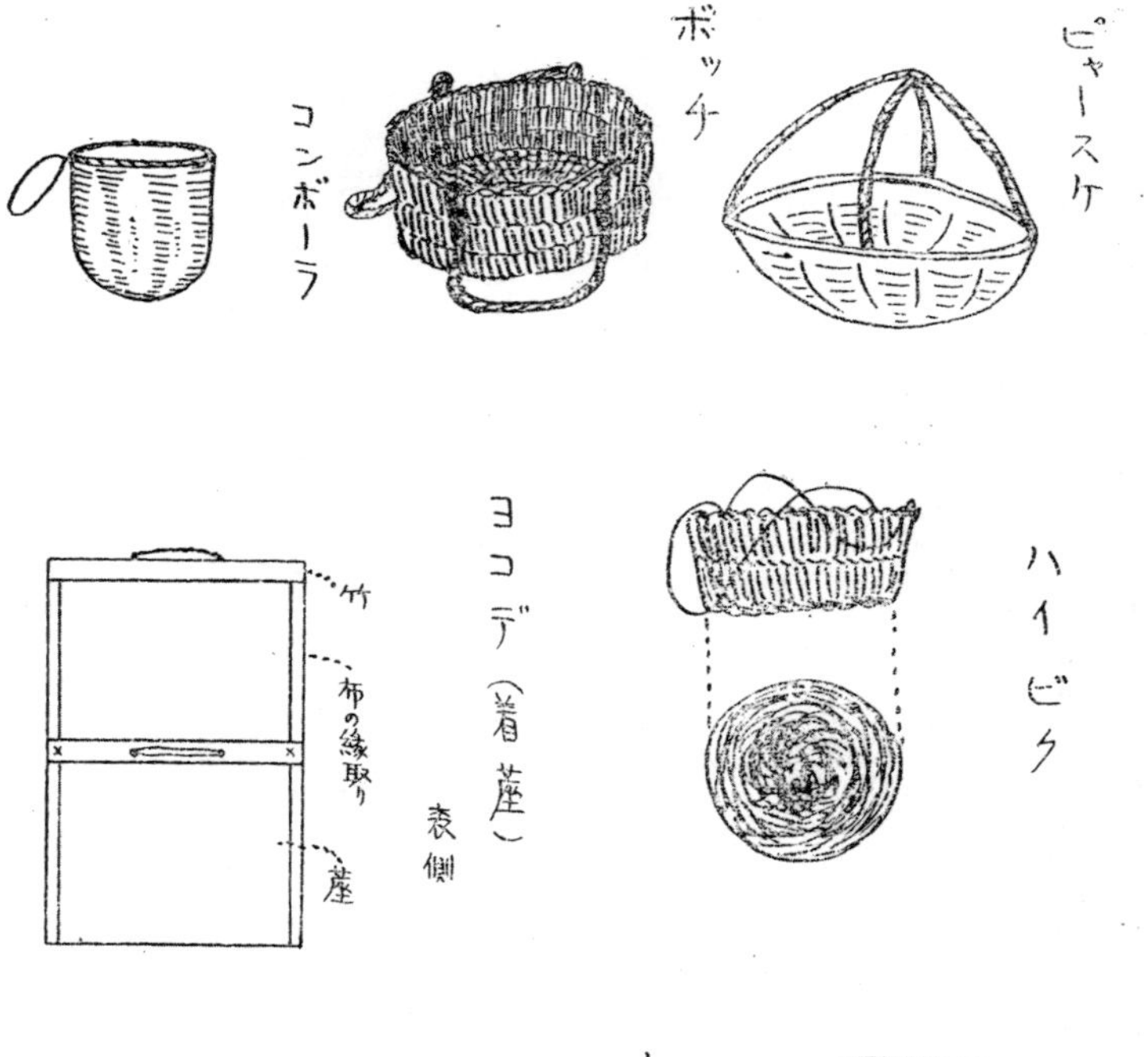

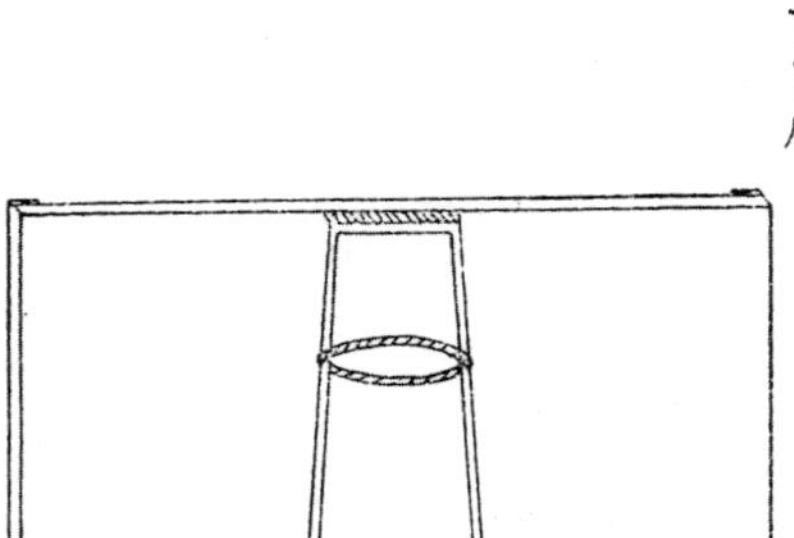

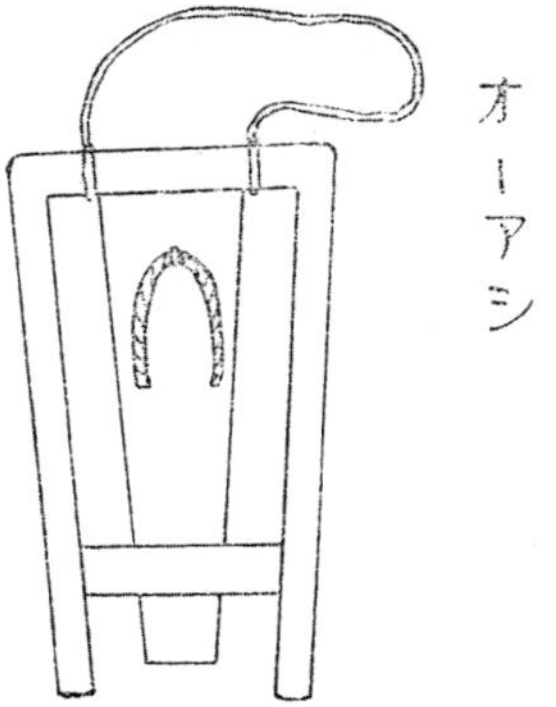

図版1 『静岡県方言集』より

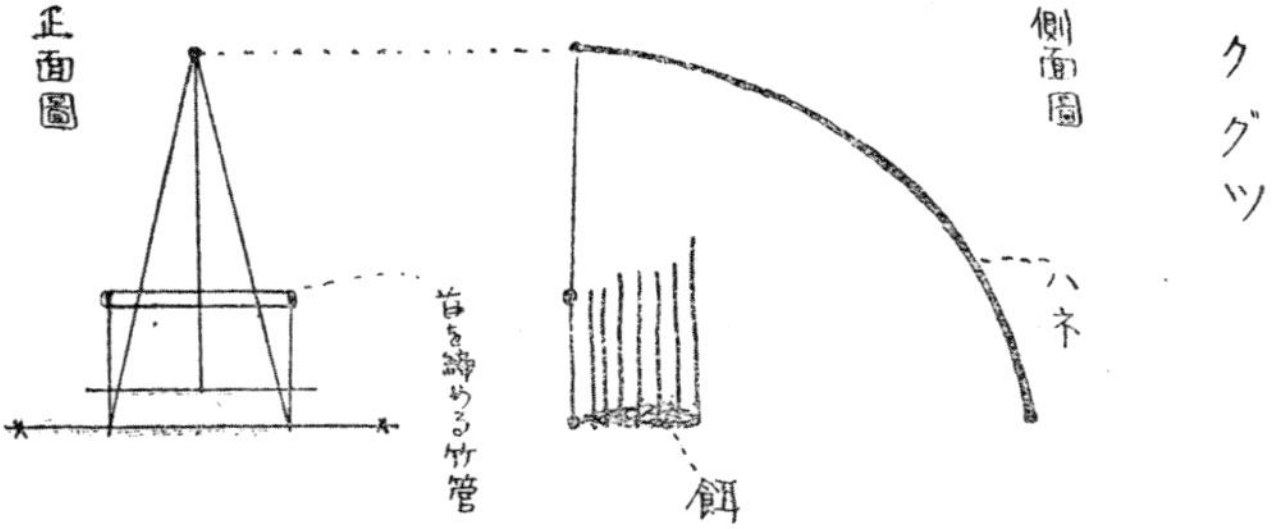
正面圖
側面圖
クグツ
ハネ
首を締める竹管
餌

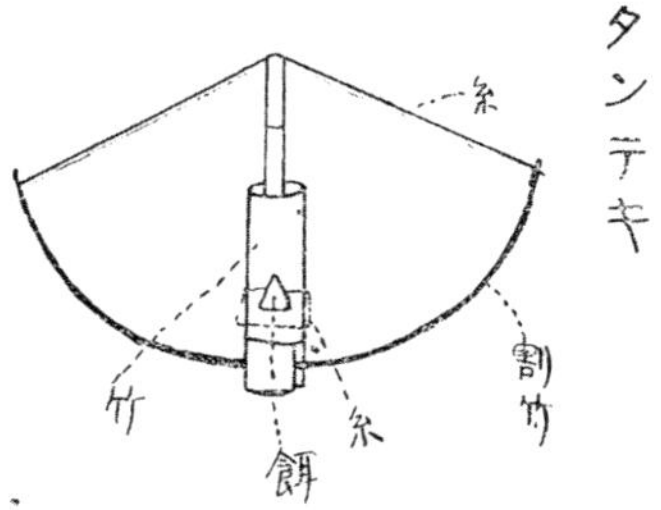
タンテキ
糸
割竹
竹
糸
餌

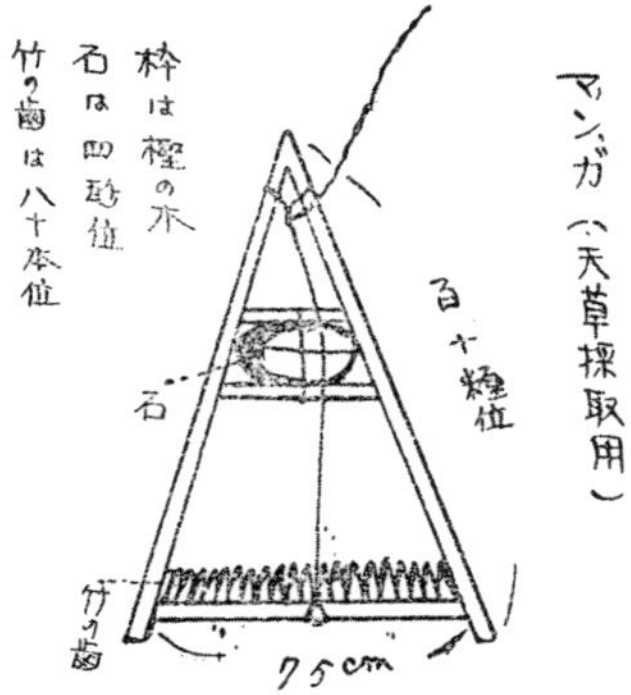
マンガ（天草採取用）
枠は樫の木
石は四瓩位
竹の歯は八十本位
石十糎位
石
竹の歯
75cm

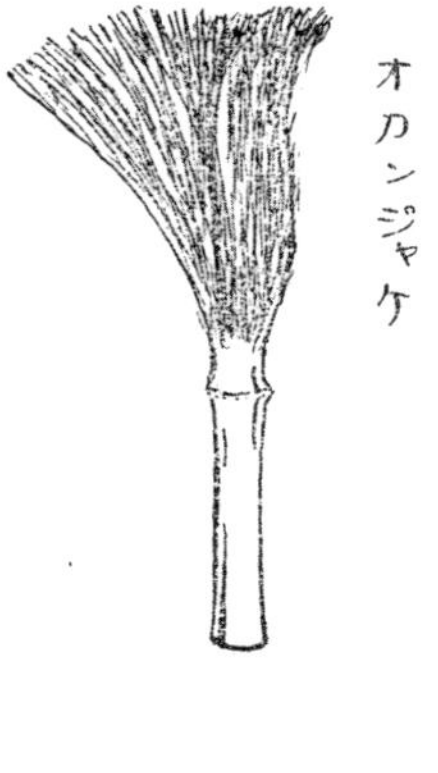
オカンジャケ

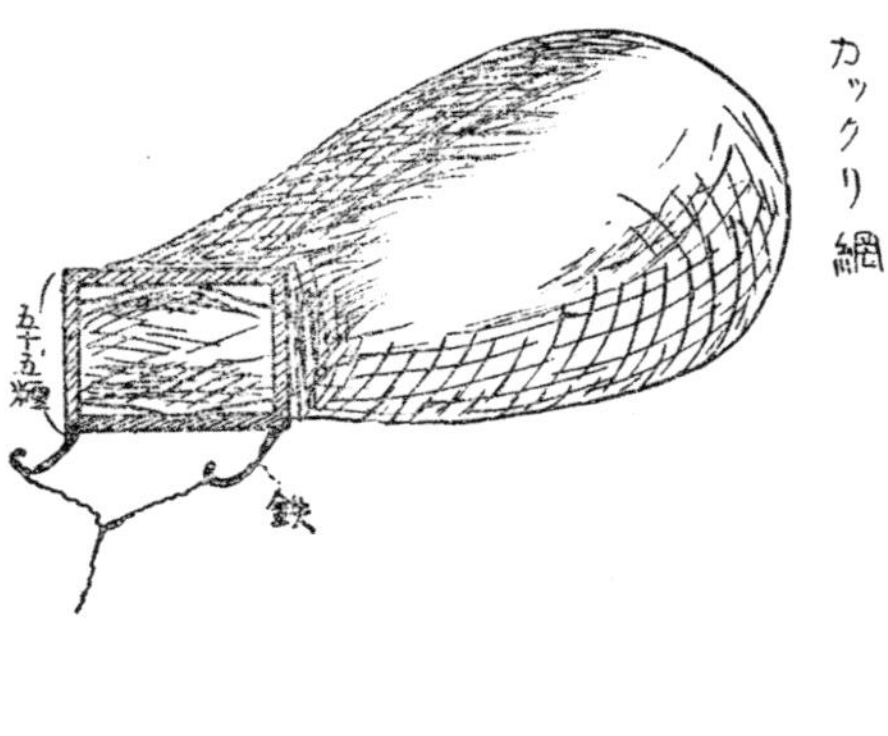
カックリ網
五十五糎
鉄

は、二千枚も集まってきたのです。アンケートの回収率というのはなかなか上がらないものですが、先生が介在したにせよ、「八割」近くが回収されているのです。内田が先生や生徒との信頼関係を築いたことは極めて重要です。その結果、血友病で歩けなくても、静岡県全域のデータを手に入れることができたのです。

そうして得た一般的な語彙に対し、漁村語彙と山村語彙は違った調査方法を採りました。漁村語彙は、内田の「実地調査」と、昭和八年（一九三三）の夏期休暇に前記三校で漁村出身の生徒数名に、内田が雑誌『方言』に載せた「静岡市近傍漁業語彙」の別刷を参考にしてもらって集めました。山村語彙は、柳田国男の『山村語彙』を参考にして「簡単なる語彙集」を作製し、昭和八年の夏期休暇に女子師範学校で山村出身の生徒数名に書いてもらって集めました。周到な準備のもとで個別調査を実施したことがわかります。

今、この方言集に載った個々の語彙の検討には入らないことにしますが、興味深いのは、ピャースケ、ポッチ、コンボーラ、ハイビク、ヨコデ（着蓙）、オーアシ、ナンバ、クグツ、マンガ（天草採取用）、タンテキ、カックリ網、オカンジャケの図版一二点を入れていることがあります。オカンジャケについては前に述べました。

例えば、クグツというのは「小鳥の首を締めて捕る罠。竹で作る（田）」とあります。「(田)」というのは田方郡の語彙だということです。これについての図版は側面図と正面図があり、「ハネ」と呼ぶ竿の先の仕掛けに「餌」を乗せておき、この餌に近づいた小鳥の

「首を締める竹管」が付いています。内田自身はこの罠を見たことはなかったでしょうから、十分な説明が尽くされたとは言えないまでも、図版と言葉で簡潔に山村の暮らしを説明した意義は大きかったと言えましょう。

五　『静岡県方言誌』のための調査方法

『静岡県方言集』は小さな本でしたが、内田武志は、さらに昭和一一年から昭和一六年（一九四一）にかけて、『静岡県方言誌』三冊をまとめます。彼が行った大きな仕事の一つです。これは静岡県内の方言の分布調査の成果をまとめたものであり、それを昭和一一年の分布調査第一輯「動植物篇」、昭和一二年（一九三七）の分布調査第二輯「童幼語篇」、昭和一六年の分布調査第三輯「民具篇」に分けて発表したのです。

内田は「動植物篇」の「序」で、昭和六年の秋から静岡県の方言の調査をするようになったことについて書きはじめます。その頃、『鹿角方言集』を編む間に、当時住んでいた静岡市の近くの海辺を歩き回って、漁夫の言葉を民俗学的な視点から集めました。柳田国男の『蝸牛考』が昭和五年に出て、方言の地理的な分布研究が盛んに唱えられていた時期であり、そうした気運の中で静岡県の方言の調査を進めたのです。

一方で、内田は「郷里の方言集には分布調査を断念した」と述べます。本当であれば、故郷・鹿角の方言が一番親しみがあり、故郷からやって来た親類に話を聞きますが、鹿角の方言分布図を作ることはできないと諦めたのです。鹿角方言のアンケート調査をするという進め方もあったかもしれませんが、そのためには新たな人脈を作る必要があったはずです。

そこでむしろ、「第二の故郷」と呼んだ静岡県で方言分布図を作ってみたいと考えたのです。静岡女子師範学校の森田勝を訪ねて、同校生徒に方言の調査を依頼したところ、快諾してくれたそうです。さらに静岡男子師範学校と焼津水産学校の生徒たちにも調査を依頼して、やがて前述した『静岡県方言集』ができたわけです。

しかし、これは「小調査」であって、「分布調査をしても生徒は兎角町附近の開けた地方の者が大多数を占め山奥海辺等の僻地からは何時も報告されず分布地図を作るにも一町村を単位にすれば白地が多くて発表する程のものが出来なかつた」のです。師範学校に来る生徒はエリートであり、やがて先生になろうとしている若者でした。山村や漁村に住む者は少なく、多くは町場に暮らしていました。その結果、町場の報告は集まっても、僻地の報告は集まらず、方言分布図を作っても町村単位では空白地帯が多かったのです。生徒に頼むという調査方法の限界でした。

そこで「県下全般にわたり一斉に同一項目の調査を行ひ度い」と考え、「調査語彙を記した方言調査用紙を作製しそれを配布して、調査語の下方空欄に其の地方の方言を片仮名で発音通りに記入して貰ふ」という方法を採用します。方言調査用紙を全県下に配布して、方言分布図を作製するという方法を考えたのです。

「凡例」には、第一回調査について、昭和九年一〇月、静岡県全町村の一町村を単位とした方言の分布状態を調査しようと考えて、全県下の各小学校約四二〇ヶ所及び静岡女子師範学校生徒約一八〇名に対して調査用紙を送付して依頼したことが見えます。六〇〇部の調査用紙を配布する資金と労力はどうしたのかと感じますが、昭和九年二月に『静岡県方言集』が出て、次の展開としてこの調査を行いました。『静岡県方言集』発刊の反省から新たな調査方法を考え、「静岡県」を名乗るにふさわしい実態を調べようと模索したのです。

しかも、「調査用紙は半紙判五頁で質問語数は約百三十位、体言用言など各種の語を記載した」そうです。受け取った側も結構プレッシャーがあったと思います。「同一町村に数部を依頼した処もあつたが之は特に山間部の分教場などに多い」とありますので、特に山村の言葉を集めようと配慮したことになります。

第一回は六〇〇部くらい配布し、「この結果は三ケ月程経て約八割の解答を得ることが出来た」とあり、回収率は非常によかったと言えましょう。昭和の初めには、方言研究とともに郷土教育が盛んになってゆく雰囲気がありましたので、この調査には郷土教育に深い関心を抱く先生方が協力したにちがいありません。

第二回調査は、昭和九年一二月、農村関係の語彙の調査でした。依頼先は県下の各農学校などでした。生徒が冬季休暇で帰省する時に頼み、帰校後提出してもらうようにしました。依頼「調査用紙は半紙判五頁で主に農村に関する語彙七十余語を挙げて記入報告を受けた。依頼した部数は約二千三百部、返送された数は約千六百部であった」とあります。回収率は約七割でした。

第三回調査は、昭和一〇年（一九三五）七月に、前記の諸学校などに、生徒の夏季休暇に合わせて方言調査を依頼しました。「調査用紙は半紙判五頁で掲載語は約百三十語、発送部数は千八百部位、返送されたのは千五百部であった」と見えます。回収率は八割を超えています。内田の願いが先生を介して浸透していたことが察せられます。

静岡県の方言分布図を作製するという目標をこうしたアンケート調査によって実現したのです。それは先生と生徒という多くの協力者を得て、初めて可能になりました。しかし、残念ながら、このアンケート用紙は内田の残した資料にも見つかっていません。どこかに残っているとすれば、内田に返送しなかったり、学校日誌に挟まれていたりする可能性が考えられます。アンケート用紙を探し出すには、静岡県の人々に呼びかけるしかありません。

「凡例」には、「大調査」に先立つ五回の「小調査」が出てきます。こういう大がかりな調査をする前に、昭和六年から数百部単位の調査を行っていますが、それらの成果は間違いなく『静岡県方言集』にまとまっていったはずです。

その他に行ったものに、「天体星座の方言調査」があり、これは昭和八年一月と昭和九年八月に、静岡女子師範学校・静岡男子師範学校および焼津水産学校の生徒に依頼したもので、「報告数約七百部」とあります。これは「天体星座」に限った調査であり、後で述べる『日本星座方言資料』へ流れてゆくものです。

もう一つは「幼な言葉の調査」であり、これは昭和九年三月に静岡女子師範学校の生徒に依頼し、「報告数約百五十部」でした。この「幼な言葉の調査」は『静岡県方言誌』の第二輯の「童幼語篇」へ流れ込んでゆくはずです。内田の中にあふれるような思いがふつふつと湧いてきて、時をおかずにさまざまな調査が一挙に行われていった様子がわかります。

六　『静岡県方言誌』のための整理と構想

続く「◎整理について」で、「蒐《あつま》つた方言は模造紙一枚を二百分したカードに書取り整理した」とあります。小さなカードを作って調査用紙に書かれた内容を転記し、そのカードを並べ替えて分類してゆくわけです。カードは何万枚に及んだのか想像もつきませんが、気の遠くなるような作業を重ねたはずです。

その整理は、次のような部門に分けて行われました。

第一輯　動植物篇
第二輯　童幼語篇
第三輯　天文地理人倫肢体篇
第四輯　用言篇

第五輯　農家関係語篇
第六輯　漁家関係語篇

このうち第一輯と第二輯は実現しましたが、第三輯以降はうまくゆかず、この時には挙がっていなかった「民具篇」が発行されることになります。それが渋沢敬三（一八九六～一九六三）の影響であることは間違いないでしょう。一方、「農家関係語篇」「漁家関係語篇」は、柳田国男の「農村習俗語彙」「漁村習俗語彙」と重なります。ちょうど民間伝承の会が昭和一〇年から活動を始めた時期であり、そうした影響があったにちがいありません。

それにしても、唐突に「用言篇」があるように、これらの分類基準は必ずしも明確ではありません。「大体分布調査は以上の六輯に分冊する積りであるが未だ調査不備の篇もあるから後で変更するかも知れぬ」というように、資料に偏りがあって、実現するかどうかはっきりしてなかったのです。

そして、「分布調査篇は其の収容せる全単語を全語彙篇として纏められる。尚全語彙篇はこれ以外に自分の蒐めた語、調査紙の余白などに記入された語及び今迄に発表された静岡県下の方言類全部を収める考へである」と結びます。この六輯を貫く「分布調査篇」には、新たな調査と従来の記録を総合した「全単語を全語彙篇として」収録するという構想が見られます。この六輯の総索引のようなものを構想していたのではないかと思われます。

それにしても、気の遠くなるような調査用紙の印刷・発送・回収があり、さらに回収した調査用紙に書かれたデータのカード化を行い、それらをテーマ別の『静岡県方言誌』という形でまとめてゆくのです。体調がすぐれなかった中でこれだけのことができたのは、なんと言っても、二〇代から三〇代にかけての若さだったと感じられます。

その際に申し上げておきたい一つのキーワードは、「全部」とあったように、「全てを知りたい」と思う情熱です。都合のいい所だけを摘み食いするような研究ではなくて、「全てを知りたい」という飽くなき願望は、菅江真澄であれば、『菅江真澄全集』を編集するところへつながってゆくはずです。内田の「全てを知りたい」と思う飽くなき執念は、『静岡県方言誌』から『菅江真澄全集』へ貫かれているはずです。

だが、一方で「序」では、「次の目次にもある通り動物六十二種、植物二十八種の方言調査だけを以て此の動植物篇を纏めることにしたのは、これで蒐集調査が充分に行届き得たと云ふのでは決してない。この数年来の調査の結果を一先づ整理してみて今後の採集の参考資料にしようと思つたまでである」と述べています。

先の「全部」というのは、知り得た「全部」であって、この「動植物篇」は完成ではなく、完成を目指すための歩みだったのです。こうした考え方は柳田国男の影響かと思われますが、これが出ることによって、「今後の採集の参考資料」になると考えたのです。ですから、この大部な方言誌をもってしてもなお未完成です。『菅江真澄全集』にしても「全集」を名のりながら、「あるべき全集」のための足跡に過ぎないとさえ考えていたのではないでしょうか。「全集」が出ることによって、その「全集」にも載ってない資料が明らかになります。菅江真澄の場合、そうした内田武志の志がこうして菅江真澄資料センターに受け継がれているはずです。もしこの資料センターがなければ、内田武志の思いは拡散してしまったことでしょう。

なお、「動物の部」は「一　こくぞうむし」から「六二　ふくろう」まで、「植物の部」は「一　ははこぐさ」から「二八　しきみ」までを立項しています。これには、「1　蜥蜴」「2　蝸牛」「3　蛞蝓」「4　蚕Ⅰ」「5　蚕Ⅱ」の方言分布図が入っています。柳田国男が問題にした「蝸牛」で言えば、「マイマイ系」と「ガサッパチ系」という二つの系統が色と模様で示されています。静岡市辺りは都市部であり、両方が混在していることがよくわかります。「蛞蝓」の分布では、伊豆半島がずいぶん違っていますが、言葉が混在している様子が地図でわかります。こうして方言分布図を作って研究をまとめてゆくことで、データを可視化してゆくわけです。それによって、冒頭に述べたような「方言周圏論」や「方言区画論」に対して、静岡県ではこうであるということを実証的に言うことができるようになったと思います。

七　第二輯「童幼語篇」の記述と分布地図の効果

第二輯は「童幼語篇」です。「童語篇」と「幼語篇」を合わせて、「童幼語篇」と呼んでいます。柳田国男の用語で言うと、「児童習俗語彙」に相当します。これは幼い子供たちが使う言葉のことですが、子供の遊びの中には「お手玉」「鬼遊び」「片足飛び」などもあります。これには、「1　お手玉」「2　片足飛び」の方言分布図が付きます。

内田は厳密に言えば、「児童語の中でも遊戯に関する語を纏めたもので詳しく云へば児童遊戯関係語彙分布調査とも云ふべきものである」としています。しかし、それだけでなく、「神を拝む時の詞」「仏を拝む時の詞」というようなことも調べてあり、それに収束するものではないと考えられます。

オカンジャケについては前にも触れましたが、「童語篇」に「一八　おかんじやけ」があり、さらに「童戯篇」に「六　おかんじやけ」があります。静岡地方では相当広く行われている遊びであることがわかります。そして、「それが静岡市外服織《はとり》村の洞慶院《とうけいいん》の縁日に近在の百姓家、玩具店などにより土産品として鬻《ひさ》がれてゐる関係上、郷土玩具愛好者には相応広く知られてゐるものである」としています。

オカンジャケは、子供たちが自分で作るだけではなく、洞慶院という今も静岡市葵区にある曹洞宗のお寺で、七月一九日と二〇日の縁日に売られています。その時、近くの農家や玩具店が作って土産品として売ったのです。従って、いろいろなオカンジャケが集まってきて、そこで売られていたわけです。

この本には、オカンジャケがどういうものであるかということに始まり、作り方や遊び方まで実に詳しく書いてあります。その頃から八〇年近く経った今でも、静岡市近郊の人々は、洞慶院の縁日でオカンジャケを買えば、夏に病気にならないという魔よけや縁起物として伝えられているそうです。そのオカンジャケが県内においてどういう言葉で伝えられているのかということも、一生懸命調べてあります。

内田がオカンジャケに注目したのは、方言ばかりでなく、郷土玩具が注目された時代だったからでしょう。昭和初期に有坂与太郎（一八九六～一九六一）などが郷土玩具を研究して、雑誌『旅と伝説』は特輯を組んでいます。渋沢敬三の民具の収集も、その原点に郷土玩具があったことはよく知られています。こけしの価値が発見されるのも、同じような文脈からです。

八　第三輯「民具篇」で試みた方言分布図の工夫

第三輯としてまとまったのが「民具篇」です。民具というのは農具や漁具など人々が使った生活用具を広く呼んだ言葉です。こうした民具の重要性を説いたのが渋沢敬三です。明治の実業家・渋沢栄一（一八四〇～一九三一）の孫であり、今年（二〇一三）は死んで五〇年に当たる年で、いくつかの催しが秋にかけて予定されています。

この方言誌には、当初、「民具篇」はなかったわけですから、内田の構想に変更があったことになります。どこかで民具と方言の関係に気が付いたのかと思いますが、その背景には大部の方言誌を惜しみなく出してくれる渋沢敬三の期待に応えたいという気持ちがあったと思います。

これに先立つ昭和一一年、渋沢敬三はアチック・ミューゼアム（屋根裏の博物館）と呼んだ機関から、『民具蒐集調査標目』を出しました。それに則って、静岡県にはどういう民具がどういう言葉で言われているのかを集めています。内田は多くを語りませんが、時代の動向に敏感に対応しようとしたのです。

実は、第一輯、第二輯、第三輯と進む中で、内田の方法は次第に進化してゆきます。「後記」で、「整理方法は前二輯の如く題名を掲げた次に単に方言と其使用地名を羅列するだけではなくこの輯には簡単な解説や図版説明等をも記したのであるが、尚方言系統別による民具と形状との関係、形状からみた名称と使用地との関係等種々の観点から整理し説明を加へるべきであつた様に思ふ」と述べています。

第一輯、第二輯は、例えば「カタツムリ」の方言を並べて、どういう地域にあるかというだけだったのです。それが「其使用地名を羅列する」という実態です。ところが、第三輯の「民具篇」では、それに「簡単な解説」や「図版説明」を付けたのです。しかし、「方言系統別による民具と形状との関係、形状からみた名称と使用地との関係」など、さらなる説明を加えるべきであったという反省が生まれています。

そうした思いは残ったにしても、その項目に「簡単な解説」や「図版説明」を加えたために、記述がどんどん膨れてゆきます。結局、それまでの三倍くらいの量になってしまいます。けれども、民具を研究していた渋沢敬三の仲間に入り、それに応えるのには、やはり「民具篇」が必要だと考えたことは間違いありません。

そして、方言分布図のことが出てきます。第一輯、第二輯では市町村別にそこで使われている言葉を色と線で単純に表しました。例えば、静岡市ならば静岡市全体を同じ色で塗ってしまったのです。ところが、「民具篇」では市町村全体を塗ってしまわず、点符号で分布を表したのです。「担ぎ平俵」を見ると、個別の集落名で色別に落としてゆくわけです。赤一色でも、そこに番号を入れて、どういう言葉と対応しているのかを示したのです。さらに、今度はその番号を色別にして、系統を入れてゆきます。「筌《うけ》」というのは魚を獲る籠ですけれども、それではそこまで入っています。つまり、内田は方言分布図をどんどん正確にしていったのです。〇〇村の中で一ヶ所しか聞いていないのに、それを村全体の言葉にしてしまうのは危険だと考えたことになります。もっと正確に、この集落ではこういう言葉が使われているといると入れてゆくのです。

これを作るのは、本人も印刷所も大変で、印刷のための経費は大きくなります。思えば、

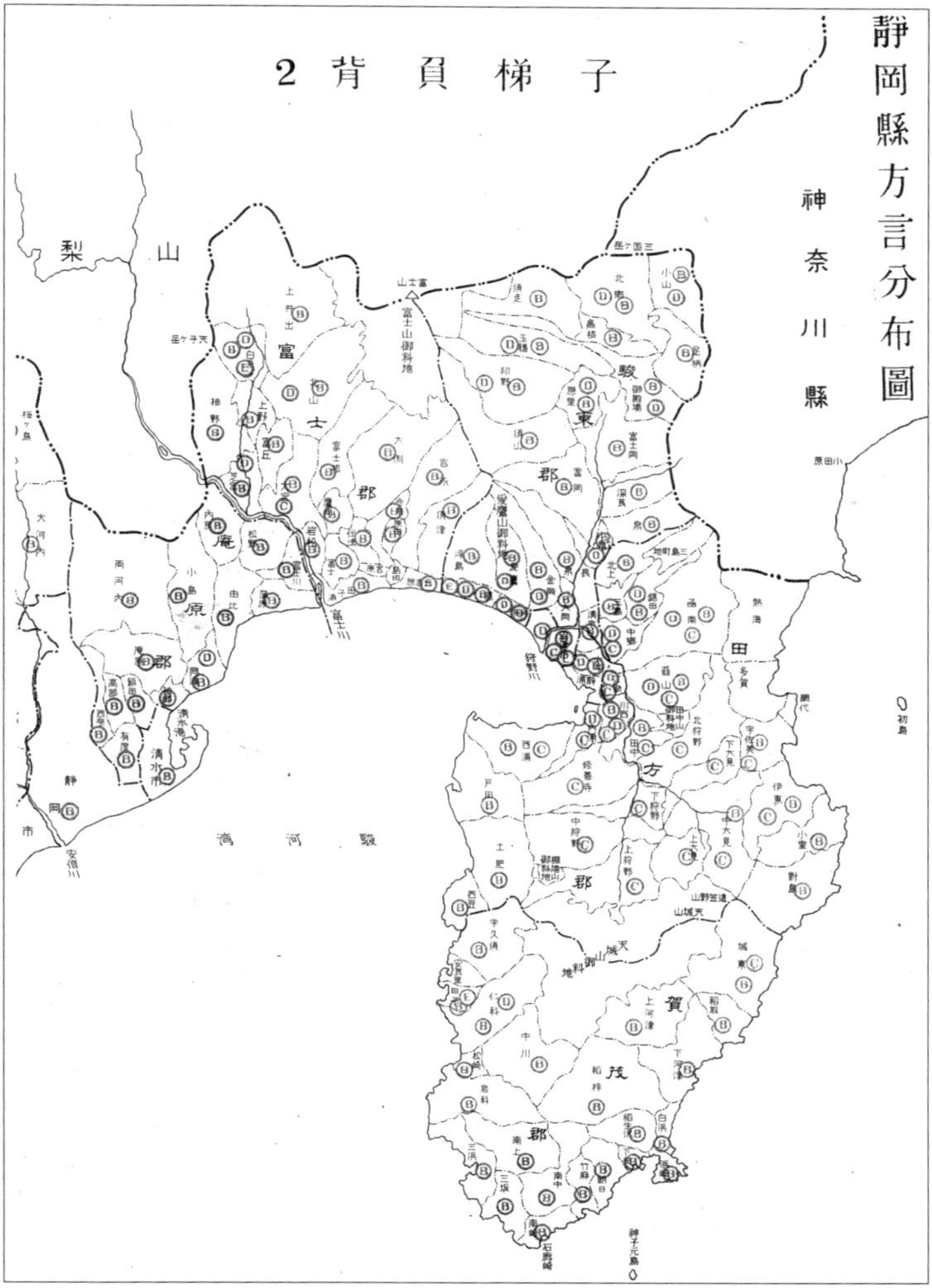

図版2　静岡県方言分布図　2　背負梯子（部分、原典は2色刷）

柳田国男の『蝸牛考』初版（刀江書院、一九三〇年）の地図は全部色分けをしていました。あの色分けを選書でやったならば、値段が高くなってしまいますので、再版（創元社、一九四三年）から記号を改めて、黒一色にしたのです。この分布図は、『蝸牛考』初版の試みを引き継いだものと言えましょう。内田がやりたいようにやらせた渋沢敬三の力量も評価するべきでしょう。

例えば、「背負梯子」は山仕事に行ったりする時に担いで行くものです。それを見てゆくと、いろいろな系統があり、「インガ系」「ショイコ系」「ショイワク系」「ヤセウマ系」に分かれます。それぞれⒶⒷⒸⒹとし、その他範囲の狭いものをⒺと付けます。例えば、田方郡の韮山村《にらやま》（現伊豆の国市）は伊豆半島の付け根のあたりですが、そこではⒷの「ショイコ系」とⒸの「ショイワク系」とⒹの「ヤセウマ系」が同じ集落の中で使われていることがわかります。

九　第三輯「民具篇」の「容器の方言分布表」の達成と限界

学問が正確になってゆくほど、入れ込まなければいけない情報がどんどん増えてゆくわけで、一つ一つ説明しはじめたらきりがありません。「容器の方言分布表」では、民具の名前が「担ぎ平俵」から「馬の口籠」まで出ています。一番右側が賀茂郡、一番左側が浜名郡ですから、伊豆半島の先端から北へ上がって、浜名湖に向かって西の方へ行くという並びに

容器の方言分布表

○ ビク系　● モッコ系
□ ボーラ系　■ ヒグツ系
△ イジコ系　▲ フゴ系

民具名 ＼ 郡名		浜名	引佐	磐田	周智	小笠	榛原	志太	安倍	庵原	富士	駿東	田方	賀茂
町村数		40	11	41	14	44	16	28	12	14	22	26	29	23
擔ぎ平俵		○9 △1	○10 △2	○23 ●1	○9 △1 ●1	○41 △9	○10 △13	△27	△9	△14 ■1	△9	△7	△2 ■1	△2 ●1
辨當入れ背負俵		○1											■1	
飯櫃入れ具		○1 △8	○1 △2 ▲1	○1 △1	△1	□1 ○1 △1 ▲1	○1				△1	△1		
嬰兒籠		△7	○3 △8	△1	△2	○5 △6 □1	○1 △9	△12	△1	△1	△3	△8	△4	△1
塩入れ具	(一)		○7		○1	○30	○13 △1	○12 △2	○2	○6	□1 ○3		○1	
	(三)	○1		○4	○2	□1 ○7	○3	○4 △1	○2	○4	□1 ○7	○2		○1
	(四)	□14 ○4	□5	□7	□4 ○1	○1	○3	○16	○5	○2	○3	○3	○2	
	(六)	□1 ○1		○2		□1 ○2		○1		○1	○13	○9	○9	○4
	(九)						○1	○1				○1	○1	
背負籠				□1	□1	○1	○2	○2	○2			□2 ○5	□6	
腰籠		□23	□10	□23 ○1	□12 ○4	□7 ○8	□2 ○9	○24	○9	○12	○8	○20	○19	○9
種子入れ手提籠								○2	○1					
魚入れ腰籠		○3 ▲1	□3 ○3 ▲3	○2	□5 ○4	□1 ○14	○7 ▲1	○14	○4	○2	○16	○12	○15	○7
肩掛籠		□1						○4	○1	○4	○5	○3	○3	
運搬用擔き籠	(一)	□6	□5	□4	□5	□3	□1		○1					
	(二)	□2	□1	□1		□3	□10	□5	○1					
	(三)	□3				□16 ○1	□4 ○1	□1 ○1	○1	○1				
	(四)						□2							
	(五)					□2	□3							
	(六)			●3		○1 ●21	●6							
肥料運搬具	(四)		●10	●6	●8	●28	●10	●8	●6	●6	●13	●5		
	(五)			●3		●22	●4							●1
	(六)	●7	●2		●1		●1		●3	●1	●6	●18	●12	●4
	(十)											●4		
	(十六)												▲1	
馬の口籠							●1	●3			●1	■2	■1	

図版3『静岡県方言誌　第3輯　民具篇』より

なっています。

真ん中にある「腰籠」は、賀茂郡から志太郡までずっと○の「ビク系」ですが、右肩の数値が9から24へだんだん上がっています。一方、浜名郡と引佐《いなさ》郡は□の「ボーラ系」で数値は23と10です。その間にある榛原郡から磐田郡までは○の「ビク系」と□の「ボーラ系」の両方が出てきます。このデータから見事に「使用勢力」の関係がわかります。

この「容器の方言分布表」はそれだけなく、相互の関係まで見えるのです。「腰籠」だけでなく、同じ「ビク系」の言葉は「担ぎ平俵」にも見えます。「担ぎ平俵」というのは藁で作った平たい籠で、二本の縄で吊します。これが榛原《はいばら》郡から浜名郡までは「ビク系」になっています。つまり「ビク系」の言葉は、この地域では「担ぎ平俵」に移動しているのではないかと考えられるのです。言葉があちらこちらに動いて「使用勢力」を持ってきた様子が読み取れることになります。

方言分布図は「1　担ぎ平俵」「2　背負梯子」「3　筌」が付いていますが、これはずいぶん凝っています。「筌」は魚を捕る籠ですけれども、地図は「ウゲ系」「カゴ系」「タギ系」「ダルマ系」「ツツ系」「ツボ系」「ブチコミ系」「ホーロク系」「モジリ系」「ヤナ系」「リョーコシ系」に分類し、記号を色と形で区別しています。裏の「筌方言使用町村個数別表」では、どこの郡ではなんと言っているかが数値でわかるようになっています。方言分布図と個数別表で方言の勢力関係を表すのです。内田の方言研究の極致はこうしたところにあると言っていいでしょう。

私が知るかぎり、これほど徹底して県単位で方言の分布をまとめた資料はありません。方言辞典はどこの県にもありますが、言葉同士の力関係、あちらでは濃く、こちらでは薄く、ちょうど境界部分が重なっているというようなことをデータで示したものはありません。これは方言の分布研究のたぶん極致であり、空前絶後の成果を作ったのだと思います。こんな言葉が出て来ます。

自分は民具の調査に於てはある一項目を捉へて広い地域に亙《わた》るその分布状態、土地によつて異る名称とその形の変化など、つまり横に拡がる有様を探求すると共に、ある特定の狭い一地点則ち一部落もしくは一家屋を単位として其処の人々が日常生活をなすには如何程《いかほど》の民具を使用してゐるか、衣食住に関する民具類一般と農漁業等その土地の生産に必要な道具類をすべてに亙つて調査し、その形状、材料、使用状態等につき図を以つて示し又その製作方法及び使用者との関聯や民具相互の関係等につき詳述し度いと思つてゐた。

内田はそのようにして「全民具」を精査することが「一つの調査目標」でしたが、まずは「基本となるべきもの」を作ってみたいと考えました。しかし、そうした思いと現実はどんどん開いてゆくばかりで、この長い「後記」を次のように締めくくっています。

自分の躰《からだ》の都合で挫折の止むなきに至つた事は何としても残念な事であつた。自分の躰も最近は両肩関節疾患のため殆ど執筆が出来難く無理に使用すれば関節に内出血を起こす様な有様なのでこの稿をなすにも口述を以つてすることが多く、為に整理にかくも時日を要し前第二輯の刊行後四年にして漸くこの輯を脱稿するに至つたことは種々の都合のあつた事とは云へ誠に怠慢の至りであると申訳けなく思つて居る。

体調はこれほど悪化していて、口述筆記するような状態でこの第三輯をまとめたのです。

一〇 「日本常民生活資料叢書」復刊時の回想

実はこの『静岡県方言誌』三冊は発行部数も少なく、手に入らなくなりましたので、昭和四八年（一九七三）に「日本常民生活資料叢書」の中に復刊されます。内田武志は第一四巻の「解説」で、民俗学者の宮本馨太郎（一九一一～七九）が内容見本に書いてくれたことを引用しています。

宮本は、柳田国男と東条操によって民俗学と国語学の両方から方言調査が提唱された時期に生まれた『静岡県方言誌』には、四つの特色があるとしました。「第一は調査方法を示し、資料の出所を明らかにしている点」、「第二には調査地域が静岡県下の全町村にわたっている点」、「第三は方言分布図を作成・添付している点」、「第四は民具の実体に即して方言をとらえている点」です。復刊を前にこうした評価を得て、内田は「時期がよかったとしか言いようがない」と洩らしました。

戦時中のある日、東京の家に東条操が大田栄太郎（一八九九〜一九八八）と一緒に訪ねてきて、「あなたのように、方言分布図を出版してもらえるひとは幸福ですよ」と言ったそうです。こんなに手のかかり、しかも商品として売れそうにないものを出すというのは、渋沢敬三でなければやってくれなかったはずですから、まったくその通りでしょう。

そして、「東西両方言の接触地静岡県で、ご自分の唱えた方言区画説が、次々と証明されるのを何よりも喜んでおられるようであった」とします。東条は内田の成果を自分の説を補強するものとして理解したのだと思います。しかし、内田が本当にそう思っていたのかどうかはわかりません。彼は静岡県で言えることに限定したという点では、非常に禁欲的です。けれども、東部方言と西部方言の接触地である静岡県の実態が方言分布図として提出された意義は大きかったはずです。

しかし、振り返って、次のような反省を述べているのです。

これら成果の反省であるが、方言の採集手段は、ひと頼みの間接調査であったために、自分にはそのことばのもつ機能が皆目わからず、これでは「生きた言語」を調べたことにならないではないかという焦燥感がいつもあった。また、分布図作製によって、方言の混在する地域がわかっても、現地に臨んで実際に細かい調査を行なうだけの体力のないのが何よりもマイナスであった。つまり自分のような身体状況の者には、これから新しく方言地図などを作る資格がないのではないかという反省をもって、漸次自信を失ってしまったというのが否めない事実である。

一つは、大勢の協力者があっても、それは「ひと頼みの間接調査」にすぎないという思いを深くしていったのです。アンケート調査では、その言葉が生活の中で使われている様子がつかめなかったのでしょう。もう一つは、分布図で方言の混在する地域が明らかになっても、踏み込んだ「細かい調査」によってその原因を調べてゆくことができなかったのです。あれだけ大きな成果をあげながら、むしろそれゆえに方法の限界を感じて、自信を失っていったようです。

東京へ移った昭和一一年頃から病状が進み、「全然歩行ができなくなっていた」そうです。『静岡県方言誌』はそうした病状の中で、すでに静岡を離れて東京でまとめられていったのです。次いで、空襲が激しくなり、昭和二〇年（一九四五）の春に秋田に疎開します。その時に所持していたのが柳田国男の『菅江真澄』（創元社、一九四二年）一冊だったというのは、有名な話です。そして、終戦と同時に菅江真澄研究に取りかかります。

そこに、「居るところに依って仕事を進めるのが自分の方針である」という一文が見えます。これは内田の人生を貫く思想でしょう。静岡では静岡でしかできない方言研究、秋田では秋田でしかできない真澄研究を進めるのです。その背景にあったのは、渋沢敬三が疎開する内田に、後述するように、「秋田に行ったら菅江真澄のことでも徹底的に掘り下げて見ては」と勧めたことが大きかったはずです。真澄は内田にとって生きる希望だったはずです。

この「解説」を書いた時期は、『菅江真澄全集』が「半分に達したところ」でした。先に方言研究では「自信を失ってしまった」と述べていましたが、ここでは、「真澄の資料はあたうるかぎりほぼ全て入手することができたので、こんどは自信をもって仕事を進めていくことができるのが何よりの幸せだと思っている」と述べています。つまり、『静岡県方言誌』の達成と限界を見つめた「反省」の上に立って、戦後の真澄研究が始まったのです。「あたうるかぎりほぼ全て入手することができた」というところには、全集への飽くなき願望が出ていますが、「自信をもって仕事を進めていくことができる」という認識は重要でしょう。秋田での真澄研究が彼の人生を支えたと言ってもよいかと思います。

一一　渋沢敬三が寄せた序文「歩けぬ採訪者」

戦後の内田の研究は菅江真澄から始まります。詳しくは次回お話ししますが、疎開で秋田へ帰ってきて、『秋田叢書』と『秋田叢書別集　菅江真澄集』を譲り受けて真澄研究に入り込みます。昭和二一年（一九四六）五月に『真澄遊覧記総索引　歳事篇』が出ます。「歳事篇」という語彙への着目は、それまでの方言研究から連続しているように思われます。昭和二三年（一九四八）七月に『秋田の山水』、八月に『菅江真澄の日記』、そして昭和二四年（一九四九）四月には『松前と菅江真澄』と、比較的小さな本が次々と出ます。さらに、昭和二四年一一月、『日本星座方言資料』が出ます。今日は最後にこの本を取り上げて、結びにしたいと思います。

冒頭に渋沢敬三は「歩けぬ採訪者」という序文を寄せています。この一言だけ見たら差別的だと思われるかもしれませんが、これは内田武志との深い信頼関係がなければ書けるものではありません。渋沢はそんなことは百も承知で、「歩けぬ採訪者」と呼んだにちがいありません。歩けなくても、静岡県の方言を集め、そして今、菅江真澄の資料を集めようとしているのですから、彼の方法の本質に関わる表現だったはずです。

今は詳しく読みませんけれども、渋沢は静岡県立葵文庫長の貞松修蔵（一八八四～一九三八）に紹介されて内田を知りました。内田は血友病でしたが、その意志力と学問への情熱には驚嘆すべきものがありました。そして『静岡県方言誌』を出しつづけたことについて書いています。「アチックは方言関係のものは寧ろ避けて居た」というのは、方言は柳田国男や東条操に任せて、そうではないところを出そうと考えていたことによります。

そうであったにもかかわらず、内田のものを入れたのには、やはり考えるところがあったのです。まず、「学究としては未熟かも知れないが異常の素質を持たれ全般の構想は別として、あの境遇として能ふ限り科学的な方法を採られたと思はれたこと」をあげます。「科学的な方法」というのは、内田武志の学問を特色づけるキーワードです。二つめに、「一つの県で語彙の種類は少いがこれ丈け徹底したものは珍しいこと」をあげます。つまり、「徹底したもの」だという指摘です。三つめに、「内田君に万一のことがあつたらせめて紙碑としてもよいと言つた気分が心の一隅にあつたこと」まで告白しています。

内田が秋田に移るとき、渋沢は「秋田に行つたら菅江真澄のことでも徹底的に掘り下げて見ては」と勧めたそうです。さりげない一言ですが、「徹底的に掘り下げて見ては」という助言は異様かもしれません。「秋田に移つてからは同君は曾つて自分と話し合つた菅江真澄研究に没頭、全く驚く程の熱心で事に当り出した」のです。『静岡県方言誌』の延長上に菅江真澄研究があり、「居るところに依って仕事を進めるのが自分の方針である」と考えて、驚くほどの熱心さで研究に当たったのでしょう。

さらに、「稀代の旅行者の研究に一歩も歩けぬ学徒が挺身して居る姿は是亦稀に見る対蹠《たいしょ》ではある」と述べます。「歩けぬ採訪者」が「稀代の旅行者」の研究に没頭しているというのは、確かに「稀に見る対蹠」であったでしょう。内田の心の中には、あれだけ歩き通した菅江真澄に託す夢や願いがあったにちがいありません。内田の人生をかけた取り組みを言うには、「歩けぬ採訪者」という言葉しかなかったのです。そして、「内田君には本当の意味の完成はない。あくなき追求力はもうこれでよいと言う気持ちを起させないのであらう」と結びます。つまり、「偉大なる未完成」として内田武志の業績を讃えているのです。

一二 『日本星座方言資料』の発刊が後れた理由

『静岡県方言誌』の復刻が出たの同じ昭和四八年に、『星の方言と民俗』（岩崎美術社）が『日本星座方言資料』を改題して出ます。今ではこちらの方が読みやすいので、こちらで読んでくださるとよいと思います。この中で、「牡牛座」から「小熊座」まで二五の星座について書いています。

重要なのは、『星の方言と民俗』の「はじめに」で、「日本人の星を観照する習慣は、明治になって西洋のものの見方が輸入されるまではなかったのだ、と思い込んでいる人は少なくない。事実、星座の名は、こんにち、我々のあいだでもすべて外来の恒星の固有名が通用し、それにまつわる神話や伝説が紹介されている」と述べることです。日本には星に関する知識が育たなかったという思い込みは、今も一般的な考え方だと思いますが、そうした固定観念を根本から疑ったのです。

それにはきっかけがありました。静岡附近の農漁村で方言採集をしていると、「ある日、焼津《やいづ》の浜で網をつくろっていた老人の漁師が「南の方にニボシが見える」と話してくれた」

というのです。ニボシというのは何なのか知りたいと思って尋ねますが、年配者から「ニボシ？　何の魚のニボシ（煮干）かね」と不審がられたという笑い話まで出てきます。

若い漁師の中には、「今は磁石や時計があるから、そんなことをたよりにはしない」と答える者もいました。もう星を頼らなくても漁業ができる時代を迎えていたのです。「星の方言の採集は急がなければならない時期である」という危機感を抱いて、往復葉書を出したりするなどいろいろなことをして、農業・漁業と星の関係を探ったのです。静岡県が中心になっていますが、他にも協力者がいて、沖縄の例も引きながら、「千数百枚に及ぶ記入票」を元にして、『日本星座方言資料』をまとめています。

結局、「以上の作業を通じて、日本人は西洋の星座名にとらわれず、豊富な星座名を持ち、俗信や説話を持ちつたえていたという事実がとらえられたのは愉快なことである」と述べたのです。日本には星の方言と俗信・説話がちゃんとあったことが、内田の努力によって明らかにされたのだと言えましょう。そのことを自信をもって述べているのです。

しかし、それだけではありません。「このような星の民俗資料が全国各地から豊富に集められて、やがて「全天星座和名集」がつくられる時点において、わたくしの仕事もその一資料として役立つならばさいわいである」と述べるのです。ここにあるのはやはり「全」に向かう思想です。自分の仕事はそのための初めの一歩にすぎないと考えていたのです。

『静岡県方言誌』を刊行し、星座方言の整理執筆にかかったのは昭和一七年（一九四二）

の夏であり、「〈星座方言資料〉」と題してまとめあげたのは、その年の冬に入ってからでした。しかし、戦争が激しくなり、秋田に疎開するときに「〈星座方言資料〉稿千数百枚」を抱えて行きます。やがて戦争が終わり、渋沢敬三から改めて出版の話が出て、やっと刊行に至りました。この仕事は早くできていましたが、菅江真澄研究に後れることになったのは、戦争による中断があったためです。

こうして見てきますと、静岡県での方言調査とその刊行を飽くなき探求心をもって進めたことがわかります。そして、達成とともに限界が感じられる中で、戦争による疎開を強いられ、ふるさと秋田県に戻ります。そうした中で、それまで放置していた菅江真澄研究が新たに始まります。それを支えたのは「居るところに依って仕事を進める」という思想でした。しかし、方言研究から菅江真澄研究に行くには、連続性ばかりでなく、不連続性もあったはずです。

内田武志の達成と限界を見るためには、今日お話ししたような人生の歩みを考えければならないように思います。前回と今回の二回にわたって方言研究を取り上げたのは、菅江真澄と無関係に思われるかもしれませんが、そうしなければ、あれほど熱心に研究を進めた背景が見えてこないと考えたからです。彼が遺した『菅江真澄遊覧記』にしても、『菅江真澄全集』にしても、それにかけた情熱の淵源はこうした方言研究にあったのだと、今ならもう断言することができます。長々と静岡県の話を申し上げてきた理由をご理解いただけたなら、今日のお話は大きな意味があったのではないかと思います。

（二〇一三年一〇月一一日、秋田県立博物館講堂にて講演）

付記

内田武志が残した「鳥に関する昔話＝青森県＝」（『土の香』第一二巻第一号（第六六号）、一九三四年五月）が見つかりました。これは「昭和八年三月に青森女子師範学校生徒及其他二三の小学校に依頼して方言調査を行つた時、鳥に関する方言と共に其説話も記載する様に願つておいた。其時に調査紙の裏面に記されて報告せらた昔話を次に掲げる」として、一六話を載せています。他にも、「青森県方言調査報告」（『土の香』第一二巻第三号（第六八号）、第一二巻第五号（第七〇号）、一九三四年六月、七月）二回があります。内田の方言調査は青森県にまで及んでいたことがわかります。

Ⅲ　戦後の菅江真澄研究の出発

一　真澄遊覧記の記憶遺産登録と内田武志の方言研究

昨年（二〇一四）は国民文化祭がありまして、真澄の自筆本が展示され、二百年前の色を目の当たりにすることができました。その内容は、『菅江真澄、旅のまなざし』（秋田県立博物館、二〇一四年）の図録に残されました。私の講演は「真澄のまなざしを考える」という題で、図録に掲載した原稿と同じ題になりましたが、原稿とは異なる点が多いので、その記録を『真澄研究』第一九号に残していただきました（本書に「Ⅵ　真澄のまなざしを考える」として収録）。

その時、ちょうどよい機会であると考えて、最後にお話しした提案がありました。まったく調整ができていないので、唐突で大胆な提案だったかもしれません。それは、真澄が遺したこの貴重な遺産を秋田や日本にとどめるのではなく、ユネスコの記憶遺産登録をめざしてはどうかということでした。それが研究の一つの目標になり、菅江真澄による町づくりの大きな財産になるのではないかと考えたわけです。

世界遺産には自然遺産や文化遺産があり、富士山は自然遺産から文化遺産に変更して登録されたことが話題になりました。それとは別に記憶遺産があり、最近も、二つの記憶遺産が登録されたことが報道されました。一つは京都府の「舞鶴への帰還」で、舞鶴には多くの人が大陸から引き揚げてきましたが、そうした関係から残されたシベリア抑留資料です。もう一つは京都府の「東寺百合文書」で、東寺に古代から近世まで伝来した文書です。

実は、今年は戦後七〇年ということで、この夏に舞鶴に行く機会がありました。引き揚げの問題を改めて考えてみたいと思い、臨時の舞鶴引揚記念館を見学してきました。舞鶴では記憶遺産登録をめざして、記念館を改修するなど、着々と準備を進めていました。そうした準備の甲斐があって、戦後七〇年の記念すべき年の登録となりました。

真澄遊覧記は、九州の炭坑の様子を描いた「山本作兵衛による筑豊炭坑の記録画」と比べても見劣りするものではなく、むしろそれよりもはるかに古いものです。これを地元にとどめておく手はないだろうと考えているのです。若い人たちになかなか真澄への関心が起こらないのは、私たちが抱える大きな課題なので、登録によって真澄の価値を知らせたいと思っているわけです。

世界遺産効果というものは非常に大きいので、真澄遊覧記が記憶遺産になれば、普及を進める大きな刺激になり、次の世代に働きかけるインパクトになるだろうという、したたかな目論見があるわけです。もちろん個人の所蔵が大半ですから、調整の負担は大きいのですが、決してできないことではないでしょう。そうしたことに向かう気運から、いろいろな取り組みも派生してくると思います。

遡って、一昨年とその前年は内田武志（一九〇九～八〇）のお話をしました。この二回は秋田ではなく、内田武志の静岡時代のことを主に扱いました。鹿角出身の内田は、鹿角の方言や昔話をまとめ、そして静岡に暮らしたことから、静岡の方言や星座の方言を研究しました。戦前の、昔話や方言が新しい研究課題になった時代の雰囲気を受けて、彼の人生の前半は方言研究に熱中したのです。

そして、人生の後半、戦後になってからは真澄研究に移りますので、きれいに前後が分かれます。前半から後半へつながっているのか、つながっていないのか、その点が問題になります。特に昭和一一年（一九三六）頃からは血友病が悪化し、歩くこともできなくなりました。歩くこともできない研究者が、逆にそうであるがゆえに、東北・北海道を限無く歩いた菅江真澄を研究するというのは、偶然ではなかったはずです。その胸中に、真澄に寄せた夢があったことは間違いないと思います。

不自由な体を駆使して、どうやって『菅江真澄全集』が生まれたのか。私たちは今、内田が作った全集に信頼を寄せて読むことができ、そして町づくりに活用することができるようになりました。そのようなすばらしいテキストが生まれるまでの苦労は、やはり振り返ってみる価値があると思います。そして、何よりも、その達成とともに限界をつかまえておく必要があるのではないかと思っているわけです。

静岡時代の方言研究の中でも、『静岡県方言誌』の全三冊は偉業でした。歩いて調べることができませんので、学校の生徒や先生に方言調査用紙を配って、アンケート調査を行いました。集まった方言資料を整理して、それを分布地図に落としていったのです。伊豆・駿河・遠江にわたる分布地図を作るという細かな作業を重ねながら、静岡県の方言を明らかにしました。

なぜ静岡県の方言が重要かというと、静岡県は東日本と西日本の東西の分岐点だからです。東日本の方言と西日本の方言の境界がどうなっているのかを、地図によって明らかにするというのは、方言研究にとって非常に意義のあることでした。多くの人の協力を得て実現できたのですが、その集中力は驚嘆に値します。

しかし、内田は自分で歩いて調べることができませんので、その研究方法に限界を感じたようです。そして、体調が悪くなり東京へ移住してきましたが、太平洋戦争が激化しくなり、東京にいるのが難しくなりました。昭和二〇年（一九四五）三月一〇日が東京大空襲でしたが、その後はさらに空襲がひどくなりました。故郷の鹿角に疎開することになりますが、それが真澄研究への道を拓くことになったのです。

二 『真澄遊覧記総索引 歳時篇』の意図

今から五年前の平成二二年(二〇一〇)、内田武志の没後三十年を記念して、菅江真澄資料センターで「内田武志の真澄研究」の企画コーナー展が開かれました。その時のパンフレットは、今回お話しするときの基礎資料となっています。ちょうど『秋田叢書』の写真と合わせて解説が出ていますので、今日はそれを入口にしてみます。

昭和二〇年五月に鹿角に疎開するとき、内田武志は仰臥したままで汽車に乗りました。汽車に乗せられて、歩くこともできないまま疎開してきたのです。その時に渋沢敬三(一八九六~一九六三)が、「秋田に行くのであれば、菅江真澄を研究するように」と勧めました。渋沢は、先に述べた方言資料の刊行を助けた人物です。渋沢栄一(一八四〇~一九三一)の孫で、実業家であり、その当時は日本銀行の総裁、戦後は大蔵大臣などの要職を務めています。

一方で、渋沢はアチック・ミューゼアムという屋根裏の博物館を自宅に作り、数々の民具を収集し、民俗学の欠けているところを補い、自由な学問をさせました。その中から、宮本常一(一九〇七~八一)はじめ、実に多くの優秀な人々が出たことは御存じのとおりです。その渋沢が、「秋田に行くのであれば、菅江真澄を研究するように」という一言を言い添えたのです。その時に手にしていたのは、柳田国男（一八七五〜一九六二）が昭和一七年（一九四二）に発行した創元選書の『菅江真澄』（創元社）一冊だけだったというエピソードも有名です。

内田一家は、お母さんのサトさんの伯母さんである毛馬内《けまない》（現鹿角市）の高橋家に仮住まいをします。内田が鹿角に戻っていることを知った当時の毛馬内町長・伊藤良三（一八八三〜一九六四）が、『鹿角方言集』の著者である彼を訪ねて、菅江真澄研究の意志を聞き、『秋田叢書』一二巻と『秋田叢書別集　菅江真澄集』六巻を贈ったと言います。どちらも、昭和の初めに次々に発行されたシリーズでした。

それを手にして、内田武志は本格的な真澄研究をすることができたわけです。伊藤良三については、『秋田人名大事典』に次のような説明があります。早くは秋田県・青森県・宮城県で教職に携わり、その後、毛馬内町長・十和田町長などを歴任し、行政に関わってゆきます。そして、辞任後は、郷土史研究者として郷土資料の収集と編述に力を注いだということが記されています。

ですから、渋沢敬三・伊藤良三という二人の支えがあって、内田武志はずっと菅江真澄研究に入ってゆくことができたのです。この時、内田武志は三五歳、血友病をかかえながらも、もう中年になりました。結局、亡くなったのは七一歳ですから、彼は人生の半分で、真澄研究に折り返したことになります。

人生の折り返し地点から、この秋田での真澄研究がほとばしるように始まってゆくわけです。パンフレットには、真澄の地誌などが載る八巻だけ『秋田叢書』の写真が載っていますが、これは全集などに使われたものでしょう。今のようにコピーがあるわけではありませんから、いろいろな形で活用したはずです。今、センターの内田文庫の中で、それらを見ることができます。

彼が戦後残した資料の初めの一歩は『真澄遊覧記総索引　歳時篇』で、二百部が謄写版で印刷された和綴じの本です。発行は昭和二一年（一九四六）五月ですから、疎開してきてからたった一年でこの一冊ができたことになります。「歳時篇」とありますように、「正月準備」から「十二月二十八日」までの年中行事を真澄遊覧記から抜き出して並べています。これで、それぞれの日の行事がどうなっているかがわかります。

実は、このヒントになったのは柳田国男だと思います。昭和一七年の『菅江真澄』ではなく、昭和三年（一九二八）、真澄の百年祭に当たる年に、『雪国の春』（岡書院）という本を出しています。この本の書き下ろしに「真澄遊覧記を読む」があり、これは、真澄遊覧記の中から正月記事を抜き出して比較しています。『雪国の春』の書名にふさわしく、かつての正月行事を百年前の真澄遊覧記から明らかにしようとしたものです。

柳田国男は正月だけでしたが、内田武志はこれを一年間に広げてみようと考えて、真澄遊覧記から抜き出して並べ直したのです。末尾の「歳時篇索引」は「語彙」「地名表」「書名表」に分かれています。「語彙」は方言や民俗語彙を五十音順で整理したものです。「地名表」は長野から北海道の順で、ほぼ菅江真澄が歩いた土地に沿って並んでいます。「書名表」は『伊寧《いな》の中路』から『月の出羽路《いでわじ》』『ひなの一曲《ひとふし》』までを並べていて、日記や地誌の年代順です。ですから、「語彙」「地名表」「書名表」は「索引」であるだけでなく、真澄の経歴や著書の整理と一体化していることがわかります。

たった一年でこれだけの整理ができたということは、やはり驚きです。「あとがき」は、「これら真澄の全著書のうちには、多数の貴重なる民俗資料が収載されてゐるが、現在刊行されてゐるものだけでも相当に浩瀚であり、そのうちから、随時、必要に応じて資料を摘出することは、なかなか難事である。よつてこゝに、事項別による総索引を作製することゝした」と始まります。

ここに「貴重なる民俗資料が収載されてゐる」とあるのは、やはり民俗学の先駆者として菅江真澄を考えるという、柳田国男の影響を受けていると思います。そして、「まづ年中行事に関する資料をとりまとめて、第一輯　歳時篇を編んだ」というのです。「第一輯」とありますから、第二輯、第三輯と、それ以降も構想していたはずですが、残念ながら歳時篇だけしか出なかったことになります。

戦後になりますと、伊藤良三から譲り受けた『秋田叢書』『秋田叢書別集』は、秋田の人々でも手にすることが難しくなっていましたので、本文を載せないとわかりません。でも、「企図する処はあくまで真澄遊覧記の索引作製であつて、引載の真澄本文はむしろ従ともみたいのである」と言っています。索引に対する異様なまでの関心は、戦前の方言研究から連続しているはずです。鹿角や静岡の方言を集めて整理した手法が、真澄研究の当初の方法に色濃く反映しています。彼が集めたかったのは民俗語彙や方言だったことに、改めて気がつきます。

ですから、「歳時に関する語彙を挙げたのは勿論であるが、なほ、本文に現れた方言や注目すべき語等も共に整理しておいた」とあります。「歳時に関する語彙」だけではなく、「方言や注目すべき語」にも関心を注いでいることが、ここによく出ています。「行事に関係ある重要な語句には、傍線をほどこした。また、注目すべき方言には、傍点を附した」とあります。そこから索引が作られたのです。

三　年譜の修正と「菅江真澄研究会の趣旨」による組織化

内田武志は一年間その作業をする中で、はっと気がついたことがありました。「あとがき」に、「柳田国男先生著「菅江真澄」に拠つたが、自分の考察によりその年次を訂正して排列したものもある」としているところです。ただ柳田に学ぶだけではなく、それを修正しなくてはいけないと考えたのです。一つは『霞む駒形』で、柳田は天明八年（一七八八）と見ましたが、天明七年（一七八七）が正しいとします。これは後に天明六年（一七八六）に訂正されました。もう一つは『栖家《すみか》の山』で、柳田は寛政一二年（一八〇〇）としましたが、寛政八年（一七九六）であると修正します。柳田の遺産をそのまま受け継ぐだけではなく、改めるべきところは改めています。

おもしろいのは、「あとがき」の末尾で、「『秋田風俗問状答』との比較」を行っている箇所です。屋代弘賢《やしろひろかた》（一七五八〜一八四一）が全国の人々に風俗を尋ねた「問状」を出します。秋田では那珂通博《なかみちひろ》（一七四八〜一八一七）がそれに答えたのが『秋田風俗問状答』ですが、それと真澄遊覧記の年中行事を比較するのです。これは優れた視点です。

明徳館に勤めていた那珂通博と菅江真澄は、文化八年（一八一一）、奈良家で初めて会っています。そして、太平山の山麓をめぐって勝手神社に詣でたり、非常に仲が良かった。だから、その答書を作成するに当たって真澄に相談したかどうか、それを考えています。非常に親しかった二人が互いに語り合わないはずはないと想像したのです。ところが、比べてみると、『秋田風俗問状答』と真澄遊覧記の年中行事との間には、「余り、その類似が認められない」という結論に達します。

しかし、那珂通博はすでに真澄遊覧記を見ていたのだろうが、資料として使っていないと考えるのです。仲の良い真澄の力を借りなかった点について、「那珂翁は得意の画筆をふるつて、他郷人真澄に、久保田の風俗を紹介せんとしたのかもしれぬ」と推定するのです。しかし、真澄に紹介することと、屋代弘賢に答えることとの間には、やはりすいぶん距離があります。そして、この答書の原稿もしくは複本を真澄が閲覧する折があり、雄勝におがちにいた頃ならば送本されたのかもしれないと結んでいます。それでも、真澄遊覧記の年中行事に注目し、「語彙」「地名」「書名」をまとめた上で、『秋田風俗問状答』と比較するところまで行ったのは、たいへんにすごいことです。

この『真澄遊覧記総索引　歳時篇』の巻末には、一枚の刷り込みが入っています。それは「菅江真澄研究会の趣旨」で、この出版に合わせて、研究会を組織するのです。その時に、三つの事業をしたいと述べています。

まず「第一　年譜の作製」。真澄は御存じのように出生地や家系などがよくわかっていません。さらに秋田に来る前、それよりも信濃に入る前の、真澄遊覧記以前の足跡もよくわかっていません。地誌を取り調べる役を受けますけれども、仙北郡角館で没するまでの行動もよくわかっていません。そこで、しっかりした年譜を作りたいと考えたのです。

そのためには、「年次不明のものがあり、未発見の書や未発表の書もあつて、いまだ明らかでない点が少くないのであります。これからそれら資料を綜合勘案して、できるだけ詳細に正確な年譜を作製しようとするのであります」と述べます。柳田国男がやったよりも遥かにレベルの高い年譜を作るには、新資料の発掘が不可欠だと考えました。

そして、「第二　未刊本の発行」。『秋田叢書』本編には地誌を入れ、『秋田叢書別集　菅江真澄集』には秋田を超える日記を入れています。この大きな仕事をしたのは深沢多市（一八七四〜一九三四）でしたが、刊行の途中で亡くなってしまいます。「同氏の逝去によりその続刊の望みを失つたのは洵《まこと》に遺憾と申さねばなりません。その後現在までに、新たに所在の判明した書が数冊あり、それは、〔水の面影〕〔河の源〕〔久保田の落穂〕などで、特に「花の出羽路」及び「月の出羽路」河辺郡の草稿の発見されたことは、恐らく真澄はこの附近の地誌執筆に着手しなかつたであらうとする従来の推測を、全く変更すべき新事実でありました」とします。

しかし、「学問上からみて、か程まで価値高きものにもかゝはらずそれらは、秋田叢書に収載されなかつた随筆の類十数冊とともに、今なほ研究者の披見をゆるさず徒らに珍蔵されてゐる現状であります」と述べます。これはやや皮肉めいた物言いですが、大館《おおだて》の栗盛《くりもり》教育団が念頭にあります。現在は大館市立中央図書館（その後、大館市立栗盛記念図書館）の所蔵になりましたが、この時は学者に見せてくれなかったので、いたずらに珍蔵されていると辛辣な書き方をしています。頼んでも資料を見せてくれなかったことが続いていたと想像されます。

最後に、「第三　真澄遊覧記の索引」。やはり、「随時必要に応じて民俗資料を摘出することなか〳〵容易でありません。このため夙《つと》に、事項別による索引の作製が待望せられてゐたのであります」とあります。内田の関心は、先ほどの「あとがき」にあったように、「民俗資料」を真澄遊覧記から手に入れるために「索引」が必要だという考えです。そこで「本会の仕事として、まづこれに着手し、真澄遊覧記の中から、年中行事に関する記事を編綴《へんてつ》して、本会々報第一輯を発行することになりました」とします。これが民俗学の影響、方言研究からの流れであることは明白でしょう。今から考えれば窮屈にも思えますが、真澄遊覧記を「民俗資料」として使いたいというのは、民俗学への貢献に行き着くように思います。

この『真澄遊覧記総索引　歳時篇』は二百部限定謄写版で作られ、菅江真澄研究会の賛助員には、東京の柳田国男・渋沢敬三、そして秋田では栗田茂治《くりたしげじ》（一八八三〜一九六〇）・奈良環之助《なら たまのすけ》（一八九一〜一九七〇）・武藤鉄城（一八九六〜一九五六）・豊沢武《とよさわたける》（一九〇五〜七二）の四名の名前が挙がっています。郷土研究、民俗学、図書館学、そういった研究に関わった人たちを賛助員にして、これを出したのです。

ただし、この菅江真澄研究会は内田武志の自宅に置かれた研究会ですので、どの程度の規模があったのか、そこまでは不明です。やはり、非常に個人的なつながりをなかなか抜け出られなかったのではないかと感じます。でも、研究会を組織しながら力強く真澄研究に歩み始めようと思ったにちがいありません。

秋田県立博物館では、平成二一年（二〇〇九）に『復刻　真澄遊覧記総索引・歳時篇』を出していて、このほうがずっと読みやすくなっています。これが便利なのは、『秋田叢書』だけでなく、『菅江真澄全集』のどこにその本文が載っているかを対照できるようにしていることがあります。ですから、謄写版がなくても、これがあれば、私たちは内田武志の足跡をたどり、その成果を現代に生かすことができるはずです。

四　『秋田の山水』と『菅江真澄の日記』のセット

謄写版の『真澄遊覧記総索引　歳時篇』の後、昭和二三年（一九四八）から昭和二四年（一九四九）にかけて、内田は三冊の本を出しています。昭和二三年は大事な年でした。昭和三年が菅江真澄の百年祭で、柳田国男の提唱で墓前祭や講演会が行われました。そこから考えると、昭和二三年は、百二十年祭に当たる節目の年だったわけです。昭和三年から見ても、二〇年目の折り目を付けてゆく年でした。従って、百二十年祭の記念事業として、この三冊が出ていることを、まず考えてみる必要があります。

最初は昭和二三年発行の二冊の小冊子『秋田の山水―真澄遊覧記抄―』と『菅江真澄の日記―秋田の山水について―』で、秋田野菊会本部が発行者となっています。住所は秋田県仙北郡横堀村、今の大仙市です。残念ながら、秋田野菊会というのがどういう組織なのか、私にはつかめていません。是非教えていただきたいのですが、ここから二冊の本が出ます。

まず七月の『秋田の山水』は、まさしく秋田の山と水、つまり秋田の景色を書き描いた「真澄遊覧記」から、「抄」とあるように抜き書きをしたものです。「一、秋田のかり寝」から「一五、水の面影」までを入れています。そのあとに「菅江真澄翁　緒言」「同略歴」が載っています。

この本の意図は、「菅江真澄翁」にありますように、「真澄遊覧記の、なによりも価値ある点は、当時の民俗が豊富に書きあらわされていることである。約百五十年前のわれわれの先祖の生活のさまが、明らかに述べられている点である」とあります。「民俗」や「先祖の生活」とあるのは、やはり民俗学の影響です。

そして、読みやすい表記に改めたことに触れ、「なお、頭註欄には、方言とも云うべき民俗語を掲出しておいたが、これも通読の利便を思ってのことであった」とします。ですから、本文の上に「方言」「民俗語」を抜き出して、それで引けるようにしていることになります。これも索引の方法に準ずる配慮と考えられます。

そういう中で気になったのは、『秋田叢書』には載っていない「未刊行本が数十冊残されている」ですが、その中からも秋田県に関係ある文章を採り、その一つに能代《のしろ》の安濃《あんの》家が持つ『水の面影』があるとします。先般、寺内《てらうち》の方々が現代語訳をされて、私たちも親しく接することができるようになりましたが、それを載せました。『秋田叢書』『秋田叢書別集』に寄りかかるだけでなく、未刊行の資料を入れながら編んだのです。文末には、「菅江真澄研究会　内田武志編」と入っています。

ところが、単なる真澄遊覧記の抄録ではわかりにくいということが指摘されたようです。それで、その年の八月、あまり間をおかずに、『菅江真澄の日記』という概説・解題の書が出ます。これは「まえがき」の後に、「秋田のかり寝」から「水の面影」まで、それぞれの概説と解題を入れています。

その「まえがき」では、『秋田の山水』について、「あえて名文のところを採つたのではなく、前代の、われ〳〵の祖たちの生活をうかゞい知ることのできる点におもきをおいた。註解を附する余裕もなかつたが、上欄に民俗語を掲出するなど、読みやすいような措置はしたつもりでも、真澄遊覧記の本文を前後の説明もなく記載したゞけでは、わかりにくいひとが多かろうと云う批判も、まことにもつともなことである」とし、すぐ追いかけるようにして、『菅江真澄の日記』という概説・解題を出したのです。本当ならば一冊にまとまっている方がよかったのですが、なかなかそうはいかなかったのでしょう。

さらに「自分はなお進んで「真澄遊覧記解題」を編さん中であることを一言附け加えておく次第である」と結びます。これは、後に述べる昭和二八年（一九五三）の『菅江真澄未刊文献集　一』の「年譜及び著書解題を主とした真澄伝の研究」につながるはずです。やはり文末には「菅江真澄研究会　内田武志」とあり、研究会を頭に付けています。

この二冊は表紙に工夫があって、『秋田の山水』にも『菅江真澄の日記』にも図絵が載っています。全集と比べてみると、『秋田の山水』の表紙にある雪景色は全集第一一巻〔116〕『錦木雑葉集』(10)で、これは秋田ではなく、津軽の風景です。そして、『菅江真澄の日記』の表紙にある海岸の風景は全集第一二巻〔146〕『錦木雑葉集』(40)で、これも秋田ではなく、津軽半島の海岸風景らしいものです。後に出る『菅江真澄未刊文献集』にある『錦木』の解

図版４　『秋田の山水』表紙

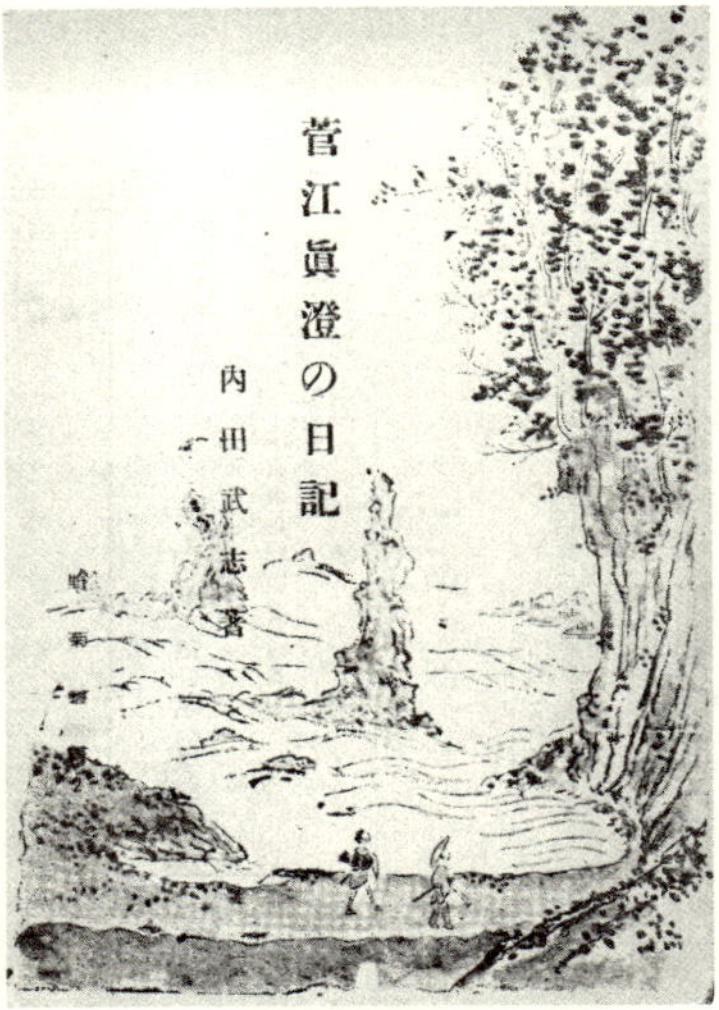

図版５　『菅原真澄の日記』表紙

説でも、ほとんどの図絵が津軽関係だと言っていますので、これを秋田の風景だと思って載せたわけではありません。

こうして表紙に載せるのであれば、秋田の風景から採ってほしかったと感じます。でも、あえて津軽の風景を紹介したのは、珍蔵してなかなか見せてくれなかった栗盛教育団が所蔵する未刊本の図絵が見られるようになったからだと思います。そういう動きの中で、秋田の人々に、今まで見ることのできなかった真澄の図絵をここで紹介することの方を選択したのです。

この二冊は表紙と内容がずれているわけですが、そこにこの時期の内田武志の試行錯誤がよく現れています。知らないで見ると、これらは秋田の風景だろうと誤解してしまうのが普通ですが、実はそうではないという矛盾を抱えていることも、これまでの研究の足跡を知っていれば、よく理解できることになります。

五　百二十年祭に刊行された『松前と菅江真澄』

刊行は翌年になりましたが、昭和二四年四月に出たのが『松前と菅江真澄』です。先に触れた「内田武志の真澄研究」の説明には、「蝦夷島における各年毎の真澄の行動、著書の解題、著書の抄録（短いものは全文）、真澄採録のアイヌ語をまとめた。北海道に真澄の存在を知らしめる目的から、札幌の出版社から発行した」とあります。まさにその通りで、札幌の北方書院から出版されています。

この「まえがき」は昭和二三年の秋に書かれましたが、出版は翌年になってしまったことになります。それを見ると、「北海道において菅江真澄（一七五四―一八二九）に関する書籍の発行されるのは恐らくこれがはじめてゞあろう」とあります。北海道では菅江真澄についての関心がなかったので、北海道における普及の第一歩をこの本で歩みたいと考えたのです。北海道の歴史学者・高倉新一郎（一九〇二～九〇）が出版社との仲介に当たったようです。

さらに、「ことし百廿周年をむかえた真澄翁の松前に於ける業績について記述するのがこの書の目的である」とします。『秋田の山水』と『菅江真澄の日記』では、秋田にこだわりましたけれども、この本の場合は秋田を出て、北海道へ行きました。没後の百二十年祭を意識して、北海道の人々に真澄の業績を知ってもらいたいという希望を抱いたのです。

その時、「文献　真澄遊覧記抄」に抜き出した本文には頭見出しが付いていて、そこにアイヌ語も出てきます。末尾には「真澄採録のアイヌ語」を設けて、五十音順に並べて、それぞれの解説をしています。ですから、方言研究や民俗語研究の行く先に、北海道で言えば、アイヌ語の研究があったことになります。

これも実は表紙がおもしろくて、巻末の「表紙の説明」には、「表紙の絵は、未刊文献〔錦木〕（北秋田郡大館町栗盛教育団蔵）のうちの一葉を参考とした」とあります。ですから、これも栗盛教育団が持っている『錦木雑葉集』を描き直しているわけです（全集第一二巻〔128〕『錦木雑葉集』(22)）。内田はこの図絵に描かれたのは「うとう鳥」であると見ています。うとう鳥（善知鳥）というのはウミスズメ科の海鳥です。しかし、これは内田の誤解で、チドリ科のミヤコドリかと思われます。

それはそれとして、真澄はこのうとう鳥に執着したことが説明に見えます。「うとうの考証には真澄はよほど興味をもつたようで、うとう沼、うとう坂、うとう山などの地名に筆が及ぶたびごとに記述している。ついに〔うとう考〕と題する一書を編んだと云うが今は惜しいことに未発見本の一つである」としています。この出版によって、未発見本の『うとう考』が出てくればいいという目論見があったのかもしれません。

図版６　『松前と菅江真澄』表紙

図版７　『松前と菅江真澄』口絵

私が愛読してきた『遠野物語』のウド（九三話）の頭注に、「東海道の諸国にてウタウ坂謡坂などいふはすべて此《かく》の如き小さき切通《きりどほし》のことなり」と付けています。柳田国男が『遠野物語』を書いたときに「ウド」を「ウタウ坂謡坂」という地名につなげたのは、間違いなく菅江真澄の影響でしょう。岩手県遠野の不思議な話をまとめたその記述から引き出されてくる地名の問題は、菅江真澄と連動していることになります。

オシラサマの神像の顔に白粉《おしろい》を塗るということ（一四話）に、「羽後苅和《かりわ》野《の》の町にて市の神の神体なる陰陽の神に正月十五日白粉を塗りて祭ることあり」という頭注があります。これは

『月の出羽路』仙北郡にある記述を念頭に置くものでしょう。ここでも菅江真澄からの影響があると思います。『遠野物語』の頭注には真澄からの示唆があると考えてみる必要があります。

また、『松前と菅江真澄』には、写真版の口絵が入っています。これは全集第九巻の〈146〉の『ぼんこくきき』(『凡国奇器』)(15)の「アイヌの家」の図絵です。能代市の白坂高重という人の所蔵する未刊本を見ることができたので、それを載せています。アイヌのチセという家のことです。後に昭和二九年(一九五四)に出る『菅江真澄未刊文献集　二』の第四一図に出てくることになる図絵でもあります。

「口絵解説」を見ると、「これは、未刊本〈凡国奇器〉中の一葉の写真版である」とあり、アイヌの家が非常に簡素であるのは、アイヌの人々は人が亡くなると家を燃やしてしまうので、豪華に造らないと説明しています。そして、「〈凡国奇器〉は、わずか十丁の民具習俗の図絵集。能代市白坂高重氏の所蔵本である。松前関係のものが多く、それは在道中の筆写になることであろうが、いつ成本となつたか、判然としない。未刊文献の一つである」としています。

つまり、『秋田の山水』『菅江真澄の日記』から『松前と菅江真澄』にかけて、未刊本の資料を織り込みながら本を作ることが大きな目的だったことがわかります。

六　真澄研究の軌跡と『松前と菅江真澄』発行の意味

『松前と菅江真澄』の「まえがき」で、真澄研究に行くまでの自分の足跡を振り返っていますので、ちょっと前に戻ることになりますけれども、お話ししてみましょう。

まず、「自分が菅江真澄に関心をもつたのは、ちようど廿年前、百周年を記念して真澄遊覧記刊行会から原本さながらの複刻本の出版されたとき以来である。これによつて、信州の部の全てと、東奥の〈奥のてふり〉一冊とを、柳田国男先生の序文解説付の活字本によつて読むことができた。ついで発見された〈ひなの一曲〉も郷土研究社から複刻された。いまから思えば夢のような話で、原図のまゝに色刷りされた和本に活字本が附添されて二円代で入手できたのである」とします。

内田武志が菅江真澄に出会ったのは、昭和の初めに、柳田国男が原本さながらの複刻本と、それを文字化して解説を付けた活字本に接したときでした。その刊行は昭和四年（一九二九）からですから、この時、内田は一九歳です。ですから、柳田に『南部叢書　第六巻』を貸し与えられる前から真澄を知っていたことになります。真澄研究への歩みは、渋沢敬三に「秋田に行くのであれば、菅江真澄を研究するように」と言われる前から始まっていたのです。

次に、「ひきつゞいて秋田県横手町の秋田叢書刊行会も活動を開始した。深沢多市氏に求めてその内容見本を送付されたこともあつたが、あまりの厖大さにそのまゝとなつたことであつた」とあります。『秋田叢書』に接することは、この時点ではできなかったわけです。深沢多市に頼んで内容見本を送ってもらったとありますので、『秋田叢書』には内容見本があったはずですが、私はそれを見たことがありません。

内田は静岡に行って作家の蒲原有明（一八七五〜一九五二）に会い、方言研究への示唆を与えられたということは前にお話ししました。「蒲原有明先生が柳田先生の序文を読まれて、真澄遊覧記の価値が世にあらわれない民衆の生活の観察にあるならば、その部分だけまとめて早く印行してもらいたいものだと云われたことを、自分はいまも忘れない」とあります。つまり、静岡で会った蒲原有明の言葉を忘れずにいたのです。

ところが、「あまりに数多い日記の歌文をいまの読者にしいることは、たゞ退屈を感じさせ、たまたま混じる砂金のごとき民俗記録をも徒らに逸させる憂いがないとは云えぬからである」と述べます。『秋田叢書』に圧倒されてしまい、真澄遊覧記を読んでも退屈してしまうことを危惧したのです。それではどうするかという点は、次回お話をしようと思っている『菅江真澄遊覧記』の、抜粋した現代語訳につながることになります。

疎開の時に一冊だけ持ってきた柳田国男の『菅江真澄』に触れ、「自分は秋田に居を移して以来、真澄研究に専念した」とします。その際、三つの仕事に着手したとして、「一は年譜の作製、二は未刊本の蒐集と印行、三は民俗語索引の整理」を挙げます。これは先ほどの『真澄遊覧記総索引　歳時篇』の末尾に入っていた趣旨と重なります。注意されるのは、趣旨では三つ目が「真澄遊覧記の索引」だったのが、「民俗語索引の整理」と微妙に置き換えられていることとです。

重要なのは、この時、「未刊文献の謄写もほとんど終了したと云える」とした点です。栗盛教育団の資料を見ることができるようになったからでしょう。そして、「民俗語総索引を大きくまとめようと準備中である」とします。これまでのことを簡単にまとめると、真澄遊覧記は厖大で全部読むことはできないので、一般の人々が知りたいと思うことにすぐに出会うためには、「民俗語索引」がやはり一番重要だと考えていたことになります。

そして、「いま蒲原先生の言を生かして、抄録本を編んでみようと思いたつた」が、「現今の時勢では出版実現の可能性はうすい。残念なことだがこれは否定し得ないようである。よつて地域的にまとめることに方針をかえてみた」とあります。『菅江真澄全集』はとても出版できませんので、まず松前から出版しようと考えたわけです。なぜ松前かと言えば、「その主なる理由は、真澄の松前に於ける未発表の文献がいろ〳〵と見出だされたゝめである」とあります。未発表の文献を早く人々に知らせたいという思いがあったのです。

そして、例えば、栗盛教育団所蔵の『かたゐ袋』を取り上げます。「渡道の翌春二月の序をもつ〔かたゐ袋〕は、価値多い民俗聞き書きである。こゝに収載したその後篇、アイヌの習俗を記した記録は特に興趣ぶかい。真澄の著書にたえてみられなかつた星の名称の現れているのも、星の方言を蒐集している自分をすこぶる喜ばした」とあります。これは『日本星座方言資料』と連動するものです。

あるいは、能代の安濃家が持つ『無題雑葉集』に入るものだと思いますけれども、『蝦夷《えぞ》のてふり』の下巻も見つけました。そういった資料を入れ込みながら、この『松前と菅江真澄』を編んだのです。北海道の人々に真澄を知らせたいというだけでなく、未刊行の資料を入れたいという思いが重ねられて、『松前と菅江真澄』は出版されたのです。

しかし、作製してあった「民俗語索引」は、大部分の読者には不必要だから入れなかったとして方針が揺らぎ、「最後に、真澄の採録したアイヌ語を五十音順に整理してみた」とあります。このアイヌ語の索引は、方言研究から連続しています。しかし、「さしたる語数とは云えなかつた」として、アイヌ語研究へのさらなる展開を断念してもいます。

七　『菅江真澄未刊文献集　一』に載った渋沢敬三「仰臥四十年の所産」

この後、日本常民文化研究所から発行される昭和二八年の『菅江真澄未刊文献集　一』、翌年の『菅江真澄未刊文献集　二』へと移りますが、原稿を渡してから刊行までの間に、一人の人物が内田武志の前に現れます。須藤春代（一九三四〜二〇一六）という一七歳の少女です。このことは真澄研究から外れますが、その問題が『菅江真澄未刊文献集』と平行しています。そのことはちょっと置いて、まず渋沢敬三の後援で発行された『菅江真澄未刊文献集　一』についてお話しします。

今まで見てきましたように、深沢多市が『秋田叢書』『秋田叢書別集』をたいへんなレベルで作り上げましたけれども、あれだけでは真澄の詳細な年譜をつくることができません。その人生を明らかにするには、未刊本や未発見本を位置づけなくてはなりませんでした。この地味な作業の手助けをしたのが渋沢だったわけです。

実は、未刊文献集だけ出されても、読者に対しては不親切です。『秋田叢書』『秋田叢書別集』を知っている人にとっては、この二冊はそれらを補う意義がありますけれども、これだけ単独で出ても根幹の文章がありません。でも、この二冊を出さないと菅江真澄研究は進まず、菅江真澄が何者なのかはわからないと考えたのでしょう。

不親切を知りながら、商売にもならないこういう地味な本を心意気で出すようなことは、渋沢でなくてはできなかったはずです。巻頭に、「仰臥四十年の所産」という渋沢のとても長い序文があります。秋田に疎開する時、上野駅で仰向けに寝たまま汽車に乗ったと言いましたけれども、内田は血友病のために天井を見ながら四〇年間暮らしてきました。昭和二八年、彼は四四歳でした。

まず、「本書の内容や探求経路其他については編著者内田武志君の語る所に譲り、序文としては冗長且つその所を得ぬ嫌《きらい》あるを敢えて犯しても、私は本書の出来上る由来とともに内田君の最近の模様を部分的乍《なが》ら茲《ここ》に紹介して、同君の努力と心情の一端を読者に知つて頂きたいと思う」と始めます。渋沢は昭和二四年発行の内田武志『日本星座方言資料』にも「歩けぬ採訪者」という序文を書いていますが、その序文をもう一度ここに引用してきます。『鹿角方言集』『静岡県方言集』『静岡県方言誌』全三冊は、調査が綿密であることに驚き、「科学的な方法」を採ったと言います。

そして、「自分は内田君に秋田に行つたら菅江真澄のことでも徹底的に掘り下げて見てはとおすゝめしたのを今でも覚えている」とあります。血友病で仰臥している人に、「徹底的に掘り下げて見ては」と言える関係というのはすごいことです。普通は「体を大事に」などと優しくいたわりの言葉を掛けてしまうはずですが、内田を励ます大事な言葉は「徹底的に掘り下げて見ては」だったのです。それに応えることがこの未刊文献集になり、やがて全集につながっていったはずで、そのきっかけになった言葉であることは間違いありません。

真澄の生涯にはいろいろな疑問があり、未刊の紀行もあるらしかったが、内田がそれを異常な努力で次々と解き明かしてきたことに触れ、「稀代の旅行者の研究に一歩も歩けぬ学徒が挺身して居る姿は是亦稀に見る対蹠ではある」としています。菅江真澄研究に心血を注いでいる姿に、渋沢は心打たれたのだろうと思います。

ここに紹介した『真澄遊覧記総索引　歳時篇』あるいは『秋田の山水』『菅江真澄の日記』『松前と菅江真澄』が、「熱烈なる努力」によってできあがりました。でも、それらを見たときに、渋沢は、「本格的な業蹟たる未刊本の刊行は未だに実現を見ないのは残念である」と思ったのです。「徹底的に掘り下げて見ては」と勧めた責任があり、その責任を一緒に果たすためには、この二冊を出す必要があると考えたのではないかと思います。

昭和二八年の夏、渋沢は北海道から秋田に来て、秋田大学女子寮で暮らす内田に会っていますが、このあたりからちょっと文脈が変わってきます。「内田君は盲目ではないが生理的な視野では所謂「格子なき牢獄」で盲目の一歩手前の境涯である。それが四十余年の永きに亙《わた》つてのことだ。よく堪えて来たものと思い又よくこの軀《からだ》で丈夫な人をしのぐ仕事をしたものと思うが、それにつけても兄武志君の為に全身を打ち込んで眼となり手となり足となり、更に心を一つにして協力しつゞける兄思いの令妹ハチ女史の永年に亙る文字通りの献身には頭が下る」とします。

この中に「内田君は盲目ではないが」とあり、さらに「「格子なき牢獄」で盲目の一歩手前の境涯である」ともあります。なぜこんな言葉が出てくるのかというと、その次に関わるわけです。「仲のよい内田兄妹が老いて腰のまがられた母君と静かに住むこの室《へや》に昨年の夏から思い設けぬ世界が訪れて来た。それは盲目の少女、今年十七歳になる須藤春代さんの出現であつた」ということです。昭和二七年（一九五二）から始まった、血友病の内田武志と盲目の須藤春代の親交は、これまでにない出来事でした。

八　須藤春代との出会いと真澄研究との関係

須藤春代は秋田県立盲学校に通う少女でした。昭和二九年発行の『春のだいち』という詩集の口絵には、彼女が点字を打っている写真が載っています。また、ほとんど公開されることのなかった内田武志・ハチ兄妹の写真もこの詩集には載っています。未刊文献集の刊行に先立って、昭和二八年三月に『詩集　めぐみ』という謄写版の詩集も出ています。これは秋田楢山《ならやま》教会にあるおとずれ社から出ていて、渋沢敬三はその『詩集　めぐみ』に内田が書いた「あとがき」の一節を引きます。

まず二人の出会いを述べた内田の言葉を、「病み呆けている私をはじめて春代さんがみまつて下さつたのは昨夏の暑い午后、教会の帰りであつた」と紹介しています。なぜ二人が知り合ったのかは、『春のだいち』に寄せた内田武志の「春代さんのあゆみ」から、妹のハチが通う楢山教会に春代も通っていたことによると知られます。

その時、「たずさえて来た袋から出して見せてくれる点字板など、いろいろの学習用具も珍しかつたが、日頃からもつとも私の知り度いと思つているのは、この明暗もさだかでない人たちの感情、いつわらない心の叫《さけび》だつた。春代さんの秀いでた額をみつめ乍《なが》ら詩でも作つているかとたずねると、うなじを直ぐにして〝いいえ〟と答えた」そうです。

そこで、渋沢が内田に「徹底的に掘り下げて見ては」と言ったように、内田はこの一七歳の少女に、「〝毎日の自分の心の真実をいつわらず書きとつてごらんなさい。それには形にとらわれない詩が最もふさわしいでしよう〟」と言ったのです。そして、「数十枚の古ハガキを渡してあげた。一枚に毎日一つの詩を点字で打とうと云う約束である。さつそく私も点字を

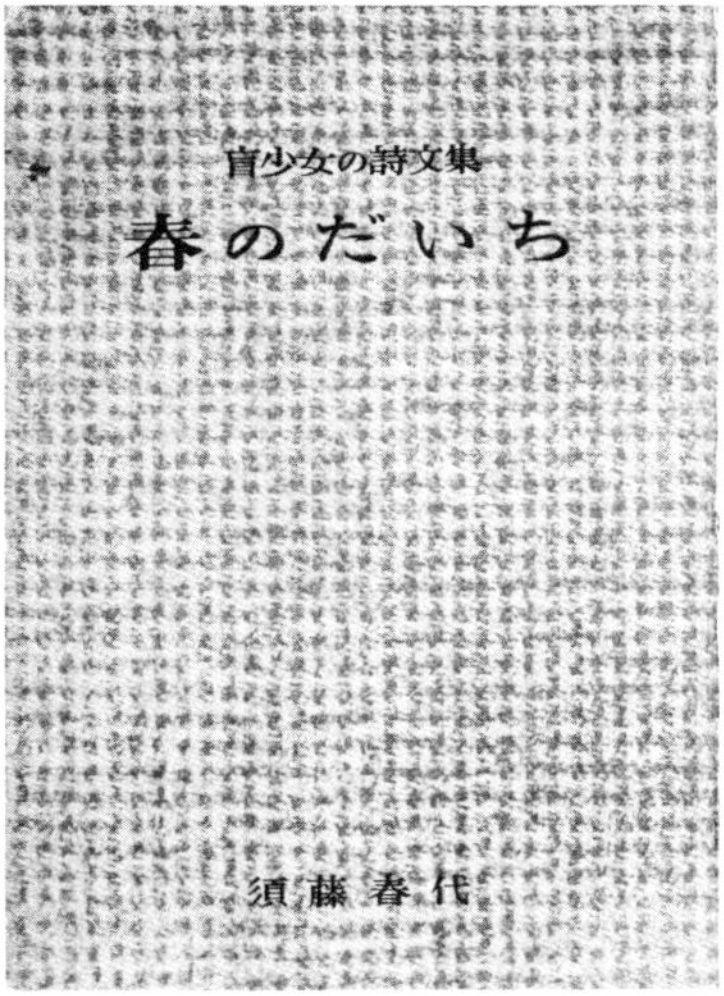

図版８　須藤春代『春のだいち』表紙

図版９　『春のだいち』口絵
点字をよむ最近の著者

覚えることにした」とあります。そうすると、春代は毎日詩を作ってきたのです。

『詩集　めぐみ』にはありませんが、『春のだいち』を見ると、何月何日と詩を作った日付が出てきます。内田武志に言われたとおり毎日のように詩を作って点字を打ち、点字を習った内田がそれを文字に直して詩集にしていったのです。内田は目の見えない人たちが点字本で物を読むのも大事だが、「盲人が自分の言葉でおのれの気持を表現し得る迄育てみちびくことが尠《すく》い」と憂えていたのです。

そして、渋沢が引くのは「きくの花」「ポスト」「春の土」という詩です。この「春の土」は、『春のだいち』という書名にも関わる詩で、春になって雪が解け、そこを踏むと大地の柔らかい感触がわかると詠んでいます。わかりやすいのは「きくの花」です。「ちいさい　はちに／うえられている　きくを／ともは　みせてくれる」「そーと　さわつてみる／まあるくて　つめたい／なんだか／かわいい　こどもの　てのようだ」「やさしい　ひとのこころに／ふれたようなかんじがする」。菊の花が見えないので、触ってみたら、まるくて冷たいという触覚でした。目が見えないゆえの詩の世界が生まれていますが、それを引き出したのは内田武志だったのです。

渋沢は、「仰臥しつゞけの内田君、心眼は広くとも肉眼の視野のせまさになやみつゞけたこの人が、全く眼の見えぬ少女の心の扉をすなおに開いたことは、此の二人にとつても、又その周囲に居る我々にとつても大きな喜びである」とします。内田は眼の見えない少女の心の扉を開いたというのです。

さらに、内田武志はこんなことをします。「画用紙に点字で詩又は簡単な文章を綴り、その下にそれに因《ちな》んだ指の触感で盲人に理解し得る絵を作らんとし既に十数枚試作されたからである」。『春のだいち』の口絵にはそれが載っています。小さい布や毛糸・厚紙などを使って、それに触る手の触感で詩の風景を感じ取らせようとしたのです。文章と絵画の組み合わせるというヒントは、真澄の世界にあったのではないかと思います。

渋沢は、「音は点字に代替せしめ得たが、絵となると眼あきと盲目との間には未だ深淵があつて、事は非常に難渋であるが、この着想は何といつてもすばらしい。兄妹の情熱は春代さん個人を超えて盲人の心に肉迫しつゝある。或は之等《これら》の仕事の方が本書の如き真澄翁の遺業の探求よりもつと価値あることかも知れない」とするのです。

これは重要です。『菅江真澄未刊文献集　一』を出しながら、須藤春代の詩の問題を取り上げて、ここで出す本よりも、内田武志とこの少女との出会いのほうがずっと価値があるかもしれないと言っているのです。二人の交流には、内田が積み重ねてきた真澄研究を超えてゆくような意味があると考えたことによります。しかし、それは折角の真澄研究の中断や放棄を意味することになりかねません。真澄研究にとっては不吉な指摘です。

そして、渋沢敬三は、「学者でも経世家でもない真澄翁ではあるが、全ての物事に深いいつくしみの心なくしてはあの文章もかけまいし絵も画《えが》けなかつたであろう。私には内田君が飽くなき追求力で真澄翁の遺業を知識として探究して居る内に、知らず知らず翁の心の奥底をも掘りさげ得たと思われてならない」と結びます。単なる知識ではなく、ああいう文章と図絵をかいた真澄の心の奥底に手が届いたのではないかというのです。それは須藤春代との交流につながっていると考えていたように思います。

内田武志自身の「あとがき」は、「新たに年譜を作成しようとすれば、どうしても未刊文献を見なければならない」のに、「大館市の栗盛教育団の蔵書は秘庫に収められて当時は見ることも難かしかつた」とします。真崎勇助《まさきゆうすけ》（一八四一～一九一七）の収集が見られなかったことは前にも触れました。「他見を絶つている状態であつた」のですが、昭和二二年（一九四七）に、「ようやく同家書庫内で書き写すことが許された」そうです。けれども、自分では行くことができませんから、妹のハチさんなどを行かせます。

その際の苦労は、「薄紙にやわらかい鉛筆ですき写すより方法がなかつた。それを持ち帰つてから原稿に書き改めるのがわたくしの役目であつた。不明の箇所は印を附してもう一度写し直してもらう。附箋のついた写本をもつて三時間余もかかる大館までの汽車をいくたび往復してもらつたろうか」とあり、そういう経過を経て、この未刊文献集ができたわけです。その結果、「従来埋れていた真澄の半身もややあきらかになつた」と感じたのです。

しかし、未刊文献集を編むにあたって、栗盛教育団では最初写真撮影を許してくれませんでした。その後、秋田銀行頭取の鈴木直吉（一八七九〜一九五九）の仲立ちで岩田写真館の主が紹介され、渋沢から贈られたキャビネ判の乾板をもって大館まで行き、図絵の部分を写すことができました。それは昭和二三年の末だったそうです。その中には『百臼之図《ももうすのかた》』（大館本）も載っていますけれども、未刊文献集の出版はこうして実現したのです。

九　『菅江真澄未刊文献集　二』と真澄研究の中断

次に、昭和二九年の『菅江真澄未刊文献集　二』です。これは『菅江真澄未刊文献集　一』から続くものですけれども、一は「日記集」と「随筆集」に分類し、これは『粉本稿』

『凡国奇器』などの「随筆集」と『花の出羽路』などの「地誌草稿その他」に分類していま す。巻末に改めて「菅江真澄年譜考」を整理し、最後に「菅江真澄著書年表」を載せています。

この年表からは、真澄が生まれてから亡くなるまでの人生と著書との対応、そして、『秋田叢書』『秋田叢書別集』の収録状況、未刊行本・未発見本を見ることができます。最新の研究成果がここに上がっています。これがやがて、『菅江真澄全集』の基礎、今でいうデータベースになることは間違いありません。

刊行直前の「あとがき」によれば、この当時、内田はかなり調子が悪く、吐血して校正もできなかったようですが、やがて恢復《かいふく》して、校正に携わることができたとあります。注意されるのは、「もつと真澄の姿をあらわにする資料をも掲げてゆきたいのだが、それらはやはり他の機会にゆずろうと思う」とあることです。

『未刊文献集』の一では「従来埋れていた真澄の半身もややあきらかになつた」と言い、今度は「もつと真澄の姿をあらわにする」という願いを述べました。しかし、菅江真澄の全体像を明らかにすることは、他の機会に回してしまいます。先ほど申し上げましたように、この未刊文献集は、『秋田叢書』『秋田叢書別集』に載らなかった資料を載せているわけですから、これだけ見ても不親切です。「真澄の姿をあらわにする」ためには全集が必要だという思いは、この二冊を出してますます強くなっていったのでしょう。

でも、この時期に、もう一方で起こってきたのが須藤春代さんとの関わりでした。昭和二八年に謄写版の『めぐみ』という詩集を出し、昭和二九年に『春のだいち』を出して、後者には渋沢も文章を寄せています。

松山修さんは、没後三〇年の「内田武志の真澄研究」の解説資料で、「その後十年間、武志は真澄関係の論考をまったく発表しなくなりました」としています。その後発見された文章には、昭和三四年（一九五九）の『叢園』第五一号の「筆のまま」と、昭和三八年（一九六三）の『出羽路』第二一号の「菅江真澄と四つの地誌＝その書誌学的研究＝」があるだけです。文章はわずかですから、この後に真澄研究の中断があったと見ることは誤りではありません。

妹の内田ハチ（一九一三～九八）は「菅江真澄への歩み」（『菅江真澄顕彰記念誌』）で、この中断について、次のように述べています。

［菅江真澄未刊文献集　二］が刊行された昭和二十九年に、須藤春代の詩文集『春のだいち』が岩崎書店から発刊になった。この後武は十年にわたって学界発表を行っていない。この期間は、人生空白の時期のごとく他からはみえるであろうが実は、重大な自己形成期間と言いうる。これまで、柳田、渋沢両先生の庇護によって、ようやく菅江真澄未刊資料を蒐《あつ》めることができた。しかし、菅江真澄という人間にまで達することができたと言いうるであろうか。この問題を抱えて武は、世の中を余りにも知らなかった視

> 野の狭さに気付いたのである。須藤春代の訴えている問題はただひとりの盲女のものでなく、この世の、盲界にわだかまるものであり、さらに身障者すべての苦悩に通じていることが、武によせられる全国の読者の文によって理解できた。身体的差別のみならず、身分差別の問題もまた、世を圧している事実を考究し、はじめて、この環境に脆《もろ》くも人間性を失う者とまた、この境遇のなかで自己を生かすすべを見出してゆく者のあることを認めえた。

武志は自らの病状を考えると、須藤春代の身の上は他人事ではなかったはずで、「自己を生かす」ためにどうしたらいいかという問題は切実だったはずです。本来なら、そのまま全集に向かうべきだったのでしょうが、ためらいの時間が必要だったのだと思われます。没後三〇年の展示の時に、内田武志が残した「春のだいち　その後」という未発表原稿があることに触れていますが、かなり大部のもののようです。内田は仰臥しながら真澄研究に人生を掛けましたが、心の底にある深い思いはそうした文章に表明されているのかもしれません。内田の真澄研究は中断しますが、やがて再開するまでの複雑な思いはやはり重要でしょう。

内田の没後三五年になる今年一〇月二四日から一二月二〇日までの二ヶ月ほど、菅江真澄資料センターの企画コーナー展で「内田文庫の貴重資料」の展示があります。ぜひこの二ヶ月の間に再び足を運んでいただいて、内田武志が残したものを検証してくださったら幸いです。

それらを受け止めながら、次回は、『菅江真澄遊覧記』や『菅江真澄全集』に進んだ展開をたどってみたいと思います。今、私たちはそれらの成果に全面的に寄りかかりながら菅江真澄を読んでいます。それらに対する批判ももちろんあって、そうしたところで現在の真澄研究が進んでいることも確かです。

そして、もう一人気になっている人物は妹の内田ハチです。私たちは兄の偉業を支えた献身という点で見ていますけれども、たぶんそれだけではつかみきれないところを抱え込んでいると感じます。それは今後の宿題になると思いますので、今日はここまでで一区切りにしたいと思います。

（二〇一五年一〇月一一日、秋田県立博物館講堂にて講演）

参考文献

・岡崎市立図書館編『菅江真澄顕彰記念誌』岡崎市立図書館、一九八七年。
・寺内史跡研究会編『菅江真澄著「水の面影」現代語訳』寺内史跡研究会、二〇一四年。
・「第53回菅江真澄資料センター企画コーナー展　没後30年、内田武志の真澄研究〈解説資料〉」秋田県立博物館、二〇一〇年。
・「第63回菅江真澄資料センター企画コーナー展　内田文庫の貴重資料〈解説資料〉」秋田県立博物館、二〇一五年。

付記

長沢詠子「真澄の描いたミヤコドリ」（『菅江真澄研究所報告』2、一九七〇年三月）で、「これは、チドリ科のミヤコドリであることにきがつきました」と指摘しています。このことについては、永井登志樹さんにご教示いただきました。

Ⅳ　『菅江真澄遊覧記』と『菅江真澄全集』の偉業

一　『菅江真澄全集』に向かう内田武志と宮本常一

秋田県立博物館とのご縁が長く続いて、その間に私も菅江真澄（一七五四～一八二九）を中心にさまざまな勉強を重ねてまいりました。そして、私たちは内田武志（一九〇九～八〇）を抜きに、菅江真澄の問題を前に進めることができないのではないかという思いを強くしました。そこで、この「内田武志の軌跡」という講演を一回二回三回と続け、今日は第四回になります。内田武志の研究が戦前の方言研究から戦後の真澄研究へ大きく動いてゆくところに、どのような内実があったのかということを確かめてきました。今日は、その過程で生まれてきた『菅江真澄遊覧記』や『菅江真澄全集』がどういうものであるのか、それらに基づいて私たちはこれからどういう未来を描いたらいいのかを考えたいと思っております。

昨年（二〇一五）の第三回では、昭和二八年（一九五三）と昭和二九年（一九五四）の、『菅江真澄未刊文献集』の一と二が出たところまでお話をいたしました。一の「あとがき」では、「従来埋れていた真澄の半身もややあきらかになつた」とし、二の「あとがき」では、「もっと真澄の姿をあらわにする資料をも掲げてゆきたい」と述べています。真澄の半身は明らかになったが、まだ全体像が見えないという認識だったのです。その結果、『未刊文献集』は終わりではなく、新たな始まりになりました。研究というのは常に先へ先へと進めてゆくものですが、ベッドに臥しながらも研究の意欲は大変なもので、私たちは内田武志から生き方さえも学ぶところが多いわけです。

内田武志は、後に『菅江真澄全集　別巻一』の「おわりに」で、「わたくしは、『菅江真澄未刊文献集』を編述してみて、それを初めて実感することができた。秋田では、真澄という人物に対して、疑惑とともに相当複雑な感情をもって視ていることがわかったのである。つまり、記録に現われた部分はその半身にすぎず、完全な人間像は半ば埋没していて、いまだ全身をみせていないということであった」と述べています。これは先の二つの「あとがき」を受けています。秋田県には、生まれ故郷の三河と違って真澄の印象が濃厚に残っていて、記録では現れない全体像は埋没していると感じていたのです。内田は肖像画に残されたような真澄の姿を追い求めて、くっきりとした真澄像を描いてみたいと願っていたのだと思います。内田が最後に思い描いた真澄像はどういうものだったのかということを、終わりに述べ

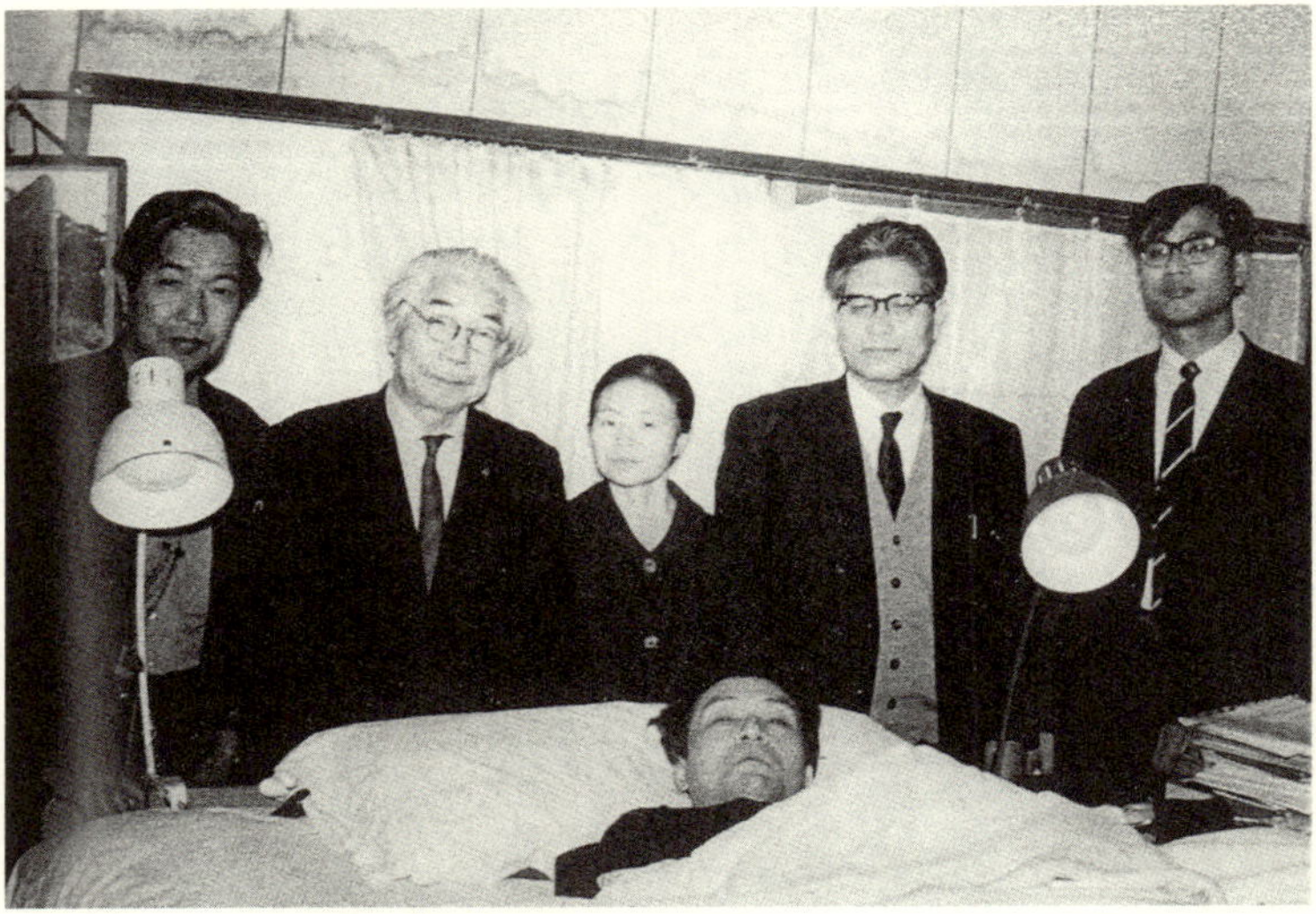

図版10　須藤功編『写真でつづる宮本常一』（未来社、2004年）より

てみたいと思います。

そこで、今日は最初に印象深い一枚の写真から入ってみます。ベッドに寝ているのは内田武志ですが、後ろに立つのは左から宮本常一（一九〇七〜八一）、奈良《なら》環之助《たまのすけ》（一八九一〜一九七〇）、内田ハチ（一九一三〜九八）、西谷能雄、小箕俊介です。西谷は未来社の社長、小箕は編集者です。この一枚の写真は、未来社から『菅江真澄全集』が出る前の打ち合わせで秋田を訪れた時に撮られたものです。宮本常一は『菅江真澄遊覧記』『菅江真澄全集』の編者として、内田武志と並んで名前を連ねています。

宮本常一は、明治四〇年（一九〇七）に山口県の周防大島で生まれ、昭和五六年（一九八一）に東京都の府中で亡くなります。ですから、内田武志が昭和五五年（一九八〇）に亡くなり、宮本常一もまもなく亡くなってしまったことになります。宮本は郵便局の職員や小学校の先生をした後、渋沢敬三（一八九六〜一九六三）のアチック・ミューゼアムに抱え込まれ、居候として生活します。渋沢のポケット・マネーで日本全国を見て歩くことになり、山や島までくまなく歩きます。なかでも、昭和三五年（一九六〇）の『忘れられた日本人』（未来社）は、彼をジャーナリズムに送り出す名著になりました。菅江真澄の関係で言えば、昭和五五年、内田が亡くなる直前に、談話筆記ですが、『菅江真澄　旅人たちの歴史2』（未来社）が出ています。この一冊は内田の研究に刺激された過程で生まれたと言っていいでしょう。今、著作集や日記・写真集が出て、宮本常一の研究が盛んになっています。

この内田武志と宮本常一が一緒に写った写真は、やはり印象的な一枚です。宮本常一の日記を見ますと、昭和四三年（一九六八）一二月の写真であることがわかります。宮本は一九日、『真澄全集』刊行打ち合わせのために、西谷・小箕と一緒に上野から急行に乗って秋田へ向かいます。二〇日、内田の家へ行き、秋田銀行の前田頭取を訪ねて『真澄全集』の協力を頼み、再び内田のところへ戻って打ち合せをし、さらに辻兵吉を訪ねて『遊覧記』の閲覧を頼み、秋田魁新報社へ行って井上にも『真澄全集』のことを依頼します。『真澄全集』のために秋田の有力者を周到に回っていることがわかります。二一日は朝から内田の家へ行って打ち合せをし、県庁に行って秘書課と社会教育課を回り、図書館に行って『真澄全集』の協力を頼み、内田の家に行って最後の打ち合せをします。県庁からは奈良環之助が同行していますので、写真は最後の打ち合わせの折に撮ったものでしょう。すでに平凡社の『菅江真澄遊覧記』は完結していましたので、いよいよ『菅江真澄全集』へ動いてゆくという、そんな時期を示す象徴的な写真でしょう。

二 『菅江真澄遊覧記』の方法

まず『菅江真澄遊覧記』に入っていきます。先ほど『菅江真澄未刊文献集』二冊が昭和二八年と昭和二九年に出たと申し上げました。そこから『菅江真澄遊覧記』の昭和四〇年（一九六五）までは一一年ほどの歳月が経っています。内田の真澄研究は一一年間の空白を経て、再開されたことになります。前回、盲目の少女・須藤春代（一九三四～二〇一六）さんに詩を作らせたことにも触れましたけれども、『春のだいち』の続編などをまとめようとしたり、いろいろなことがあったのだろうと思います。もっと明確な資料を掲げてゆきたいのですが、私はまだ謎の一一年間を埋めることができていません。

実は、その一一年間に、内田武志を支援した柳田国男（一八七五～一九六二）が昭和三七年（一九六二）に亡くなり、渋沢敬三（一八七五～一九六三）も昭和三八年（一九六三）亡くなります。二人の恩師の死を乗り越えて、真澄研究は再開されることになるわけですが、その空白期間を経て、満を持したかのように、内田武志は最晩年まで真澄研究に奔走します。その歩みは見事というほかありません。

大きなシリーズになった平凡社の東洋文庫の中に、内田武志・宮本常一編著の『菅江真澄遊覧記』五冊と内田武志編の『菅江真澄随筆集』一冊が入ります。『遊覧記』1は昭和四〇年一一月、5は昭和四三年七月です。翌年（一九六九）『随筆集』が出ていますので、昭和四〇年代前半にこれらが集中的に出されたことになります。私たちが初めて菅江真澄に接した機会を考えれば、この『遊覧記』や『随筆集』である場合が圧倒的に多いと思います。実は、昭和四三年は一九六八年ですので、真澄の百四十年祭にあたります。この『遊覧記』の刊行に刺激されて、一年遅れで百四十一年祭の墓前祭が開催されることになります。『遊覧記』が広く読まれるようになって、秋田の人々に菅江真澄を思い出させたと言ってもいいでしょう。それらは次のように出されました。

内田武志・宮本常一編訳	『菅江真澄遊覧記』1	東洋文庫54	平凡社	昭和四〇年一一月
内田武志・宮本常一編訳	『菅江真澄遊覧記』2	東洋文庫68	平凡社	昭和四一年一月
内田武志・宮本常一編訳	『菅江真澄遊覧記』3	東洋文庫82	平凡社	昭和四二年一月
内田武志・宮本常一編訳	『菅江真澄遊覧記』4	東洋文庫99	平凡社	昭和四二年九月
内田武志・宮本常一編訳	『菅江真澄遊覧記』5	東洋文庫119	平凡社	昭和四三年七月
内田武志編	『菅江真澄随筆集』	東洋文庫143	平凡社	昭和四四年七月

この『遊覧記』は日記から図絵や和歌などを除いて抜粋した部分の現代語訳であり、合わせて真澄の動きを示す地図を載せました。民俗学者や秋田県人はともかく、多くの人々はこれで真澄を知ったはずです。秋田のみなさまはよくご存じですので、中身には入らずに、ここでは「まえがき」や「あとがき」から、どんな意図と方法でこれが作られたのかを確認してみたいと思います。

1の冒頭には宮本常一の「まえがき」が入っています。『南部叢書』『秋田叢書別集』、柳田国男の影印本と校訂本、さらに戦後の『菅江真澄未刊文献集』を経て、この『菅江真澄遊覧記』五冊に動いてゆく流れを追います。しかし、「いずれも刊行部数僅少なため、一般の人の眼にふれることが少なかった」とします。専門家は菅江真澄は非常に貴重なものだと考えてきましたが、発行部数が少なかったので、一般の人が眼に触れるのにはどうしたらいいかという課題がありました。加えて、「この紀行文には、あまり上手でない歌が多数に挿入されており、また晦渋《かいじゅう》な擬古文が今の人たちの感覚にあわず、かえってわずらわしい思いを抱かせた」とします。たくさんの歌は伝統的な旧派の歌であり、擬古文は非常に難しかったのです。

そこで、一般の人にこの文章を読んでもらうために採った方法は大胆でした。まず「それらの和歌の多くを除き」として、上手でない和歌のほとんどを削除してしまいます。次いで、「資料として価値あるところを現代文になおし」とし、難しい擬古文を現代語訳にしてしまいます。さらに、「菅江真澄についての詳細な研究と、その足跡および著書の解説を加えて読者の理解をたすけることにした」とします。和歌を除き、現代文に直し、詳細な研究・足跡・著書の解説を加えたのです。1に内田が書いた「菅江真澄というひと」がこの「詳細な研究」にあたります。「足跡」にあたるのは、各冊に入れた詳細な旅の足跡を入れた地図です。日にちまで入れて、真澄が歩いた場所を書き込んだ地図はたいへんな労作です。そして、末尾には「著書の解説」が載っています。そういう大胆な方法によって、一般の人々が菅江真澄の魅力に触れる機会ができたのです。

さらに宮本は、「本書は今日までの真澄研究の到達点を示すものであり」、それと「同時にこの著書が旅のあり方について読者の眼を大きくひらいてくれることになる」と述べます。ここには、内田武志と宮本常一の分担が見えるような気がします。つまり、「真澄研究の到達点を示す」のは内田武志であり、「旅のあり方について読者の眼をひらく」のは宮本常一であったと思います。「旅人たちの歴史」に関心を持っていた宮本は、日本人の旅を考える大きなヒントが『遊覧記』の中にあると考えていたはずです。『遊覧記』は、二人のそれぞれの関心と分担によって作られたことがはっきりと見えてきます。そして、「この書は今日まで数回も公刊を企てたことがあったが、すべて挫折してしまって、私など生きている間にこの書が正しく省みられることはないであろうと思っていた」と述べます。『遊覧記』刊行の喜びの背景には、おそらく渋沢敬三の遺志のようなものがあったにちがいありません。これまで「内田武志の軌跡」をたどってきた私には、確かにそう見えます。

内田の「菅江真澄というひと」はわかりやすく書かれた解説です。「常冠り」から「故郷」「旅にでる」「日記」「図絵」「随筆」「明徳館本」と書きすすめ、特に力を入れているのは「医業」のところです。さらに「地誌」「墓碑」「『伊頭園茶話《いずえんさわ》』から」「画像」「菅江真澄年表」で結びます。『菅江真澄未刊文献集』の二にも著作年譜が入りましたけれども、ここに改めて年表を入れています。

この『遊覧記』の1は、長野県から旅して秋田県を抜け、岩手県に行くまでを収めていま す。「あとがき」を見ますと、『菅江真澄未刊文献集』二冊に収めた文章の多くは、『秋田叢書』で入れることのできなかった真崎勇助（一八四一～一九一七）が集めたものでした。つまり、『未刊文献集』というのは『秋田叢書』の補遺という性質を持っていたのです。ですから、『未刊文献集』は『秋田叢書』と合わせて読まないと、真澄の全体像は見えてこないことになります。「わたくしはこのなかに、真澄の著作年譜をくわしく整理しておいた。しかし、本文の研究までにはおよばなかったのである」というのは、そうしたことを意味するはずです。

そして、「「真澄遊覧記」は、数多い旅日記のなかから、興味ぶかい個所だけを、年代順にとりあげてみようとしている。そして地域的な重複を、できるだけさけてえらぶことにした」とします。真澄が旅した道順に従って、1から5まで構成してゆくのです。「男鹿五風」

としてまとめることにしたために、『男鹿の秋風』の扱いだけは異例で、年代順にしていませんが、基本的には年代順の配列です。「興味ぶかい個所」というのは、後に「当時の常民生活が、日記のなかにこくめいに記しとられている」とあるのを指すのでしょう。「当時の常民生活」を優先するというのは、柳田国男の影響を強く受けているからです。

そして、内田は、「原文は真澄独特の擬古文であって、このままでは理解しにくいので、現代語に訳すことにした。編集部の方針によって、法政大学講師杉本圭三郎氏が一応訳稿をつくってくださった。注解は共編者宮本常一氏が主に当たったが、なお自然方面に関する注解には妹内田ハチもたずさわった。解説は原本の体裁を伝えるものとして、内田の分担ときまった」と作業分担を述べます。平凡社編集部の意向があったと思いますが、東洋文庫というのは、外国語の文献の翻訳や日本の古典の現代語訳が一つの特徴になっていますので、真澄の現代語訳という企画はこのシリーズにぴったり合ったはずです。軍記研究者の杉本圭三郎（一九二七～二〇一五）さんが訳稿をつくったというのは意外ですが、『真澄研究』第一一号に「菅江真澄の文体」という講演記録が残されています。先年お亡くなりになりましたので、これは貴重な証言になります。現代語訳の後の注解は宮本常一が主に当たり、自然方面に関しては妹の内田ハチが協力したことがわかります。ハチさんはそうした作業を通して、真澄に対する理解を深めたにちがいありません。解説は内田が書いていますが、これがやがて全集につながることは明らかでしょう。まず杉本圭三郎が訳稿をつくって、それを内田武志が直し、宮本常一と内田ハチが注解を付け、内田武志が解説を書くという分担で進められ、これがうまくいって、五冊が順調に刊行されたのだとわかります。

三　『菅江真澄遊覧記』で気づいた日記の変化

次の『遊覧記』2には、岩手県から北海道にかけての日記が収められています。注意されるのは、内田の「あとがき」の、「どの日記にも、毎日ことあるごとに歌をよみ、感慨をのべているので、真澄を放浪の歌人のようにみる人も少なくないようだが」、「彼の本体は他にあったと思っている。真澄が旅に出立する以前に修得していた本草学や国学の基礎知識が、はたして実際に当たってどれだけ役だつものか、旅先でそれを試みてみたかったらしいのである」とする点です。内田は、「放浪の歌人」であるという見方を捨て、「本草学や国学の基礎知識」を取り上げるのです。真澄の歌は、柳田国男以来、下手な歌だと見られてきましたが、これについては錦仁さんが『なぜ和歌《うた》を詠むのか―菅江真澄の旅と地誌―』（笠間書院、二〇一一年）で批判して、真澄の和歌の読み方は大きく変わってきています。それはそれとして、内田はこの「本草学や国学の基礎知識」が「みごとに生かされた」と見ています。また、『遊覧記』1が出たときに、「注記と本文の地名に誤りがある」という読者の反応があったそうです。それがむしろ大きな励みになったようで、やはりさまざまな協力者を得て、このシリーズの刊行に拍車がかかります。

そして、『遊覧記』3には青森県の下北から津軽にかけての日記が入っています。「あとがき」に、「真澄は旅先で、その荷物をたしかな宿にあずけておき、いつも身軽になって近辺をあるきまわる習慣があったようで、日記を読むと、よく同じ場所にもどっているのは、また荷物をうけとる必要があったからだろう」という推測があります。あれだけ大量の本を持っては歩けないので、荷物を預けておいて、近辺を歩きまわって荷物を取りに戻ったと考えるのです。旅程を地図に落としてゆく作業によって、真澄の移動の癖がわかったのでしょう。

また、「このように何よりもだいじにしていた日記を、思いがけない嫌疑から津軽で押収されなければならなくなったのは、真澄にとって大きな傷手であった。しかし、これを転機に彼はいちだんと成長をとげた」と見ています。そして、「もはや故郷にもどる気持をまったく捨て去って、あくまでもみちのくにふみとどまり、自分なりのやり方で見聞記録を書きのこそうという決意は、いよいよ強固になったようである。秋田にきてからの日記には、いちども帰国の望みを語っていない」とします。やがて帰郷の問題が出てきますが、この時点では帰国の望みを語っていないと述べています。

この3は青森県でしたので、秋田県以外の協力者が必要になり、弘前の森山泰太郎（一九一五～二〇〇三）、三沢の中道等（一八九二～一九六八）といった人の協力を得ながらまとめたことを述べています。

そして『遊覧記』4ではいよいよ秋田県に入ってきます。「真澄が津軽で書いた日記は、数多い彼の旅日記のなかでも特に精彩をはなっている」が、それゆえに「藩役人の嫌疑をうけて、日記の大半を没収されてしまい、今は草稿しか残っていない始末になった」と述べます。そして、津軽から秋田県に来ると、「その内容にいささかの変化が起こっていることに気づく」と指摘します。採薬係をしていた津軽では、「本草などの現地的・実証的な方法」であったが、秋田県に来てからは、「しだいに歴史的・懐古的な方法」に変わったと見るのです。現代語訳を作り、解説を書いてゆく作業を通して、日記を正確に読み、本文に入ってものを考えるようになってきたことがわかります。

そして、諸国民謡集の『ひなの一《ひと》ふし』とともに、『百臼《ももうす》の図《かた》』に触れています。実は、臼のコレクションである『百臼の図』が初めて公開されたのは、この『遊覧記』4でした。編集部の福岡多恵さんが国立国会図書館にあることを見つけてきて、未発表であるから載せたのです。この『百臼の図』は、その後、菅江真澄が一度故郷へ帰ったのではないかと推測する根拠になってゆく点で、問題作だったわけです。『百臼の図』の影響もあって、「このころの真澄は紀行文よりも図絵を多くかこうとしている」、「意識して図絵を中心とした日記を編んでみようとする意欲があった」というのも大きな発見だったと思います。『男鹿の秋風』は4に入れないで5に回し、「男鹿五風」というまとまりにしたことも述べています。

四　『菅江真澄遊覧記』完結と『菅江真澄随筆集』

最後の『遊覧記』5は秋田県の残りの日記を収めましたけれども、重要なのは、末尾に「日記から地誌へ」として「駒形日記」「高松日記」「雪の出羽路雄勝郡」を入れていることでしょう。雄勝郡を調査した記録を入れて、日記から地誌への移行期を明らかにするのですが、そういう意味では、日記から逸脱していきます。でも、ここまで入れて、最後に「菅江真澄著作目録」という著作リストを載せています。

この「あとがき」は、「菅江真澄が文政十二年（一八二九）七月十九日に没してから、今年はちょうど一四〇年目にあたる」と始めます。内田は真澄の没年から昭和四三年は一四〇年目になると数えていて、そういう思いの中で『遊覧記』5が出るのです。『遊覧記』は一四〇年を意識して刊行したわけではありませんが、結果的に一四〇年を引き寄せる形になったと考えることができそうです。『遊覧記』は5で終わりますから、「あとがき」は非常に長くなっています。

この中に奈良別家に残された実話が出てきます。奈良別家で、「あるとき、家人が真澄の部屋にはいって行くと、あわてて何かを机の下に隠した。再び家の者が行ったときも同様に真澄が隠したようであった。そこで家人は怪しく思い、「これほど親しくしている間柄でありながら、隠しごとをされるのは心外である。これはいったいどういうことか」となじった」というのです。そこで、真澄は「今さら隠しても仕方がないから知らせよう。江戸に居られる藩主義和《よしまさ》から、秋田の状況を書いて送れと言ってこられたので、那珂通博が命ぜられて書いたが、その文章の添削をわたしに乞われたので、それを他人には見せまいとしたままだ。学館（明徳館）の助教が、うちの先生へ物を尋ねてよこしたことを、家人から世間に流布されるようでは学館の名折れになると思ったからだ」と話したそうです。那珂通博（一七四八〜一八一七）が書いた文章を添削するというのは出過ぎたことになるので、それを知られたくないと思って隠したというのです。

そして、藩主から「秋田の状況を書いて送れ」と言ってきたのは何かと考えると、その「文書は、おそらく『風俗問状答』であったろう」と推測するのです。ここでにわかに『秋田風俗問状答』が話題に上がってくるわけですですが、戦後まもなく、「真澄遊覧記」と『秋田風俗問状答書』を比較して、「類似が認められない」と述べていたことは、前回の講演でもお話ししましたが、ここに来て見方が少し変わってきたことがわかります。

さらに注意されるのは、『遊覧記』は大変よく読まれ、読者からさまざまな反応があったことです。それまで真澄については、秋田県人と研究者以外には関心がなかったのに、一般の人々が真澄に触れる機会となって、全国で読まれるようになり、その中で二つの資料が出てきたのです。

第一に、長野県の洗馬《せば》の熊谷家が持っていた『筆のまま』に「源秀超」という名前が見えます。それが真澄とどのように関わるのかが問題でしたが、愛知県の水谷源二郎から手紙が来て、尾張出身の画家・丹羽嘉言《にわよしのぶ》（一七四二～八六）の『胆吹《いぶき》遊草』その他に「白井超」「白井秀超」という名前があり、これは若いときの菅江真澄の名乗りであろうと言われました。『胆吹遊草』は、安永九年（一七八〇）、近江国の伊吹山に採薬に出かけた紀行文であり、採薬という点で、津軽滞在の生活と一挙につながります。それまで旅立つ前の真澄のことはわかりませんでしたが、その時期のことがわかるようになったのです。

実は、『真澄研究』第二〇号に、松山修さんが「内田武志における丹羽嘉言論の形成」という論文を書かれていて、このあたりの事情が実によくわかります。昭和四二年（一九六七）三月に水谷源二郎から一通目の手紙がきて、合計七通あるそうです。ですから、『遊覧記』の3が出た後、それらを読んだ水谷源二郎が内田武志に手紙を寄こして、二人の関係が始まった経緯が克明にわかってきました。

もう一つ出てきた資料は、岩手県一関の八巻一雄が真澄の所持していたという『和歌秘伝書』を発見して、教えてくれたことです。真澄は長野県から東北地方へ向かうときに、洗馬の長興寺の洞月上人から『和歌秘伝書』を与えられ、持ち歩いていたのです。洞月上人は「遠い見知らぬみちのくの旅の生活を、少しでも容易にしてやろう」という心優しい思いやりから、この『和歌秘伝書』を授けたのだろうと推測しています。それだけでなく、真澄は宮城県栗原郡金成町（現栗原市）の金田八幡の別当量海にこれを授けていますし、岩手県西磐井郡山ノ目（現一関市）の大槻清雄（?～一八〇三）に授けたものも見つかりました。真澄自身が『和歌秘伝書』を授けながら旅をしていたことがわかってきました。

すでに述べたように、『遊覧記』五冊ではほとんど削除してしまった和歌が、ここに来て、大きな問題になってきました。歌人として『和歌秘伝書』を携えた真澄の行動を再認識しなければならなくなってきたのです。その結果、「この形式的な歌と難解な擬古文体の日記の書き方も、この秘伝書に規制されて、中世以来の紀行型式を踏襲しなければならなかったのではなかろうか。しかし、そのなかに盛られた真澄のもつ新鮮な観察眼による見聞記は、あきらかに近世の思考である」とします。「形式的な歌と難解な擬古文体の日記」というのは否定的な見方ですけれども、そこから「新鮮な観察眼による見聞記」が生まれたと肯定的に見ます。中世と近世が出会うところに、この真澄の日記が生まれたと考えるのですが、そこに至りつく前提として、『和歌秘伝書』の携帯を重視せざるをえなくなったことがあるのでしょう。

そして、「なおこれから、真澄が旅日記をやめてから書きだした随筆と地誌のなかから、価値あると思われる部分を選び、引き続いてまとめてゆく予定である。この『遊覧記』の多数の読者から寄せられた、「原文を読みたい」というご希望にも、そってゆきたい」と述べます。現代語訳を読んだ一般の読者から「原文を読みたい」という希望が寄せられたので、かつて内田自身が編んだ『菅江真澄未刊文献集』二冊から引用してまとめたいと考えたのです。しかし、『遊覧記』の「原文を読みたい」とする読者の思いは、「随筆と地誌」を出したいとする内田の意向とはややすれ違っていたようです。

翌昭和四四年（一九六九）に出たのが『菅江真澄随筆集』です。この『随筆集』は当初から計画されていたわけではなく、『遊覧記』がすごくよく売れたので、平凡社は内田武志の希望を入れたのだと思います。これは『未刊文献集』二冊から取り上げた『水の面影』『筆のまにまに』『しののはぐさ』『久保田の落穂』『かたゐ袋』『発掘の家居』『新古《しんこ》祝《いわい》甕《べ》品類《ひんるい》之《の》図《かた》』の七編に、『ひろめの具』を加えた随筆集です。先には「随筆と地誌」を考えていましたので、「地誌」も入れたかったようですが、実際には「随筆」だけでまとめています。

その「あとがき」では、「久保田（秋田）へ定住するようになってから真澄は随筆を相当たくさん執筆している」が、それは普通の随筆と違って、実際の現場に立って「多数の常民の意志として存在した事実をつとめて記そうとした」ので、これは「われわれ人間の歴史を探る上で、もっとも必要なことである」と説きました。そのようにして、かつての『未刊文献集』を広い読者に向けて出したのが、この『随筆集』だったと見ることができます。そのときには秋田の畠山重悦と鷲谷良一、名古屋の長沢詠子の協力がありました。しかし、この『随筆集』は評判が悪かったようです。それはあとで触れてみたいと思います。

五　全集へ橋渡しをした『菅江真澄研究所報告』

この『菅江真澄遊覧記』『菅江真澄随筆集』から『菅江真澄全集』に移る間に、『菅江真澄研究所報告』という雑誌が四冊出ています。菅江真澄研究所は内田の自宅に置いた研究所です。戦後、自宅に菅江真澄研究会を置いたことは前回述べましたが、ここでは菅江真澄研究所と改称しています。研究会から研究所への変更には、内田の自負がうかがえると思います。

1が昭和四五年（一九七〇）三月ですから、『随筆集』の刊行後になり、4が昭和四七年（一九七二）七月ですから、もう『全集』の刊行が始まっています。『全集』が始まると、この雑誌はそのまま月報に譲ることになったにちがいありません。1から4までどのようなものが載っているかという内容をあげておきました。

『菅江真澄研究所報告』1（昭和四五年三月）			
真澄遊覧記その後	内田武志	菅江真澄の旅と日記　内田武志著	無記名
真澄翁の眠る資料を求めて	謎の旅人	畠山重悦	鷲谷良一
図絵を読む楽しさ	信州洗馬の新発見本	内田ハチ	無記名
『菅江真澄研究所報告』2（昭和四五年七月）			
蝦夷錦	内田武志	真澄の描いたミヤコドリ	長沢詠子
『菅江真澄研究所報告』3（昭和四六年二月）			

奈良環之助氏追悼記	内田武志	河北文化賞　受賞のこと	内田ハチ
真澄の歌碑	内田武志	真澄と美濃・木曽路	長沢詠子
円満寺に真澄の草稿を求めて	鷲谷良一		
『菅江真澄研究所報告』４（昭和四七年七月）			
真澄の贈り物	内田武志	旅の記事・写本	無記名
通信	松野武雄	三河の菅江真澄	長沢詠子
白井秀超について	内田ハチ	真澄未発見本の捜索余録	鷲谷良一
通信	土屋雅夫	思い出の人々	長谷部哲郎
通信	井坂敦	菅江真澄全集の広告	無記名

先ほど協力者として名前が挙がった鷲谷、畠山、長沢といった方々の文章がいくつも載っています。「奈良環之助氏追悼記」については後で触れます。「河北文化賞　受賞のこと」がありますが、内田は昭和四六年（一九七一）一月に河北文化賞を受賞しています。この時期になると、内田武志の偉業が世間で評価されるようになって、河北文化賞の受賞、後には柳田国男賞の受賞というような輝かしい受賞も舞い込んでくることになります。

1に、内田の「真澄遊覧記その後」があって、この時期の動きを知る手がかりになります。「ちかごろ菅江真澄に対する関心が相当に高まってきたらしく、わたくしのところへも問い合せが各地からくるようになつた」とあります。『菅江真澄遊覧記』五冊は新たな真澄ブームを起こしたにちがいありません。これについて、「現代語訳だつたせいでもあろう、真澄の読者層を全国に拡大することができたことはたしかである」と述べます。宮本常一が言っていたような「一般の人」の真澄ファンを全国に拡大したのですが、何と言っても大きかったのは現代語訳だったことでしょう。秋田県人だけでなく、わかりやすい菅江真澄に多くの人が触れる機会を得て、その魅力に取り憑かれていったのです。

その際に、「このような訳文でなく、真澄の原文を読みたい」という希望が生まれました。それに応えるように、『菅江真澄随筆集』は「真澄の考証を主とした随筆を原文のまま挙げた」のです。しかし、「晩年になつて博学ぶりを表明したこの随筆集は、予想外だつたらしくあまり興味をもつてくれたようではない」と述べます。『遊覧記』は全国の読者に大きな反響を与えたので、その先にあった真澄の随筆を、読者の要望に応えて原文で示したのに、読者は意外に冷たかったのです。この落差はとても注意されることで、私たちが心に刻んでおかねばならないことです。内田は読者の反応が冷たかったことについて、たいそう驚いたにちがいありません。

でも、『遊覧記』5の「あとがき」で、内田が「今年はちょうど一四〇年目にあたる」と書いたのに刺激され、鷲谷良一が奔走して、昭和四四年、一年遅れの墓前祭が百四十一年祭として行われ、『菅江真澄翁墓前祭記録』(私家版)としてその年に出ます。昭和三年(一九二八)の百年祭に次ぐ大きな墓前祭で、盛大な行事としては四一年ぶりだったにちがいありません。『遊覧記』五冊の成功に刺激されて、戦後になって秋田の人びとが忘れていた菅江真澄を思い出す機会になって、一年遅れで百四十一年祭を催すことになったのだろうと思います。座談会の記録も載ってますし、柳田国男が昭和二年（一九二七）に行った講演も、新聞記者・赤川菊村（一八八三〜一九六二）の筆記で『仙北新報』に載っていたものが再録され、とても貴重です。これが一つ目の動きです。

二つ目の動きが昭和四五年一月の内田武志・浅井敏・伊奈繁弌編『菅江真澄のふるさと』（私家版）の刊行です。これは岡崎の浅井・伊奈といった人たちと一緒になって出しています。この中に内田は「菅江真澄のふるさと」を書き、最後に愛知県に関する資料が載っていますけれども、それを提供したのは内田でしょう。それに先立って、昭和四四年に『日本庶民生活史料集成　第三巻』（三一書房）が出ています。日記から七冊の原文を抜き出したもので、内田はその解題や注記を書いています。

そして、「わたくしは現在、『菅江真澄全集』（全十一巻、未来社）の編集にあけくれている。その第一巻が発刊されるのは今年の六月ごろになる予定となつているから、内容見本はそのうちにできるであろう」とあります。第一巻の刊行は、実際には翌年三月になります。内容見本については後で触れます。「しかし全集がでるまえに、まず啓蒙的な解説が必要ではなかろうか」と考えます。『遊覧記』五冊の成功と『随筆集』一冊の失敗を考えてみると、『全集』が出ても、人びとは菅江真澄を理解できないだろうと判断したのでしょう。「原文のままの紀行日記を読むひとの手もとにおいて、まずその内容と範囲が容易に理解されるように配慮するのが親切というものではないだろうか」と考えて、昭和四五年五月に未来社から『菅江真澄の旅と日記』を出します。これが三つ目の動きです。

六　「啓蒙的な解説」としての『菅江真澄の旅と日記』

ですから、『菅江真澄の旅と日記』は『全集』を読むための「啓蒙的な解説」と考えていたことになります。『全集』は第一巻から第四巻までが日記ですから、これらを読むのにはとても役立つと考えたはずです。『遊覧記』五冊は図版をほとんど入れていませんでしたが、『菅江真澄の旅と日記』には図版を一一〇点も入れています。

この『菅江真澄の旅と日記』は、「はじめに」があって、「伊那の中路」「わがこころ」「くめじの橋」から始まり、「軒の山吹」「勝手の雄弓」「月のおろちね」で終わり、「菅江真澄年表」「あとがき」で結んでいます。『遊覧記』五冊の解説をもとにして書き直していますけれども、『遊覧記』にはなかった新たな情報を入れ込んでいます。だいたい『遊覧記』の順序ですが、後に『全集』に収録される内容も入れ込んでいます。最後の「菅江真澄年表」は『遊覧記』1の年表とよく似ていて、あまり大きな違いはありません。内田は年表をしっかりつくることに執着していたことがわかります。その内容を『遊覧記』5の「菅江真澄著作目録」および『遊覧記』『全集』と対照させると、次のようになります。

はじめに			
伊那の中路	目録一	遊覧記1	全集①
わがこころ	目録二	遊覧記1	全集①
くめじの橋	目録七	遊覧記1	全集①
越後の旅			
秋田のかりね	目録八	遊覧記1	全集①
小野のふるさと	目録九	遊覧記1	全集①
秋田のかりね　続			全集①
外が浜風	目録一〇	遊覧記1	全集①
けふのせば布	目録一一	遊覧記1	全集①
かすむ駒形	目録一三	遊覧記2	全集①
はしわの若葉	目録一四	遊覧記2	全集①
仙台の旅		遊覧記2解説	
粉本稿	目録一二	遊覧記1	全集⑨
凡国異器	目録一六		全集⑨
和歌秘伝書			
雪の胆沢辺	目録一五		全集①
岩手の山	目録二〇	遊覧記2	全集①
そとが浜つたひ	目録二一	遊覧記2	全集①
松前上陸		遊覧記2解説	

えみしのさへき	目録二三	遊覧記2	全集②
ひろめかり	目録二四		全集②
えぞのてぶり	目録二六	遊覧記2	全集②
千島の磯	目録二七		全集②
牧の冬枯	目録二九	遊覧記3	全集②
奥の浦うら	目録三〇	遊覧記3	全集②
牧の朝露	目録三一	遊覧記3	全集②
おぶちの牧	目録三二	遊覧記3	全集②
奥のてぶり	目録三三	遊覧記3	全集②
奥の冬ごもり	目録三六	遊覧記3	全集②
凡国奇器	目録三七		全集⑨
津軽の奥	目録三八	遊覧記3	全集③
すみかの山	目録三九	遊覧記3	全集③
外浜奇勝	目録四〇	遊覧記3	全集③
雪のもろ滝	目録四一	遊覧記3	全集③
津軽のをち	目録四二	遊覧記3	全集③
津軽のつと	目録四四	遊覧記3	全集③
錦の浜	目録四三		全集③
雪の路奥雪の出羽路	目録四六	遊覧記4	全集③
しげき山本	目録四七	遊覧記4	全集③

雪の秋田根	目録四八	遊覧記4	全集③
すすきの出湯	目録四九	遊覧記4	全集③
にえのしがらみ	目録五〇	遊覧記4	全集③
男鹿の秋風	目録五四	遊覧記5	全集④
みかべのよろひ	目録五五	遊覧記4	全集④
かすむ月星	目録五六	遊覧記4	全集④
浦の笛滝	目録五一		全集③
おがらの滝	目録五七	遊覧記4	全集④
十曲湖	目録五九	遊覧記4	全集④
百臼の図	目録六〇	遊覧記4	全集⑨
ひなの一ふし	目録六一	遊覧記4	全集⑨
ひなの遊	目録六四	遊覧記5	全集④
氷魚の村君	目録六五	遊覧記5	全集④
男鹿五風	目録六六～六九	遊覧記5	全集④
軒の山吹	目録七〇	遊覧記5	全集④
勝手の雄弓	目録七二	遊覧記5	全集④
月のをろちね	目録七九	遊覧記5	全集④
菅江真澄年表			
あとがき			

先の『菅江真澄研究所報告』1の中に、内田自身が書いたと思いますけれども、「菅江真澄の旅と日記」の案内が出ていて、「秋田に永住するまでに記した旅日記のうち、現存の五十数冊について解説した」とし、「その期間にまとめた数冊の写生帳や民謡集、新らたに発見された「和歌秘伝書」、渡道当時の事情を語る「蝦夷錦」などの説明は、多数の図版とともに、目新らしい」と加えます。この案内のとおりですが、注意されるのは岩手県で発見された『和歌秘伝書』で、今の宮城県から岩手県に移る流れの中で「和歌秘伝書」に触れています。北海道へ移る「松前上陸」でも、真澄から鈴木常雄に送られた『蝦夷錦』という書簡に触れています。

この「あとがき」では、菅江真澄の肖像に触れながら、石井忠行《いしいただつら》(一八一八～九四)編『伊頭園茶話』を引き、「真澄の私生活はまことに質素で、食物は、どんなものを出されても、うまいともまずいとも批判がましいことはまったく言わなかった」と言います。日記を見ても、食べ物の記事は非常に少なくて、日常生活を書いていながら、毎日なにか食べていたはずなのに、ごく日常の部分はほとんど出てきません。秋田では、「真澄は食い気と色気に無関心なひとだった」と語るむきがあるそうです。美食家ではなく、結婚せず妻子も持たなかったことを指すのでしょう。でも、内田は、「真澄は何よりも自由を望むひとだったたから、束縛よりもむしろ孤独をえらんだのだろう」と考えます。食い気とか色気とか、「常識的欲望を犠牲にしようという決心をしていたのであろう」とも言っています。それは、「世俗に抵抗する反逆」でもあり、「これまでとは異なった道をきり開いた先駆的な行為」でもあり、それゆえに「神秘的な人間」として評価されていたのではないかと見ます。そして、「常冠り」に触れ、「若年のころ負った刀痕《とうこん》を隠しているのだ」とか、「業病が起ったので頭巾をはなさないのだ」とかいう、いろいろな憶測についても述べています。

そして、戦後始まった研究が、「いくども絶望をあじわいながらも、ようやくここまでたどりついたところである」という感慨を述べます。血友病を抱えていた内田は、「真澄に倣《なら》って、できるだけ食物の不平は言いたくないと思っているが、昨今のように人工甘味、防腐剤や漂白剤を入れて着色した食品ばかりが店頭にあふれる状態では、よほど注意しないと、胃腸をいためやすい」ということまで述べています。「今春からこの夏にかけて、腎臓出血が二カ月余続いて、あやうく最後をむかえるところであった」という経験があったからでしょう。それでも、『菅江真澄全集』を、この機会に編んでみようと決心したのである」と述べます。冒頭で見ました宮本常一と内田武志の写真が昭和四三年一二月で、この「あとがき」が書かれたのが昭和四四年一〇月ですので、すでに『菅江真澄全集』へ動いていました。そして、最晩年の真澄の歌、「いつ万代も筆の命も長らへて書きながさばや水茎のあと」を引きます。生きながらえて書き続けたいという真澄七六歳の思いです。このとき内田は五九歳で、数え六一歳の還暦ですので、血友病を抱えながらも、還暦まで生きたという感慨があったのでしょう。七六歳の真澄が「いつ万代も筆の命も長らへて書きながさばや水茎のあと」と詠んだ歌は、自分の思いと重ねられたはずです。

七 『菅江真澄全集内容見本』からわかること

さて、『菅江真澄全集』に移りましょう。一覧にしてみますと、すべて内田武志・宮本常一編で、第一巻から第一二巻までと別巻一・別巻二から構成されます。第一巻が昭和四六年三月の刊行、最後になっているのが第一二巻の雑纂2で、昭和五六年九月の刊行です。刊行順が動いている巻もありますし、別巻一の「菅江真澄研究」は途中の昭和五二年（一九七七）一〇月に出ています。本文が出てから別巻が出るのが普通であり、完結した本文を踏まえて書くべきだろうとも思います。ところが、内田は刊行途中の第九回配本で、「菅江真澄研究」を書いてしまうのです。完結を待って書こうと考えていたならば、ついに「菅江真澄研究」は書かれなかったかもしれませんので、結果的にはよかったと思います。内田は昭和五五年一二月三日に、七一歳で亡くなっていますので、第一一巻と第一二巻の雑纂二冊は没後の刊行になります。この全集はなお問題を抱えていて、別巻二の「索引」を次回配本としながら未刊のままで、昭和五六年九月から三五年が経過しています。今、その用意があると聞いていますので、これが完結できれば、私たちにとっては大きな財産になります。どのような索引になるのかが問題ですけれども、これで「引いて読む」ことができる便宜が図れることになります。

先に「内容見本はそのうちにできるであろう」と述べていましたが、その予告について、まず『菅江真澄研究所報告』から引っ張りだしてみます。昭和四五年三月の1の「菅江真澄全集刊行の予告」では、編集者は内田武志・宮本常一・奈良環之助の三人になっています。しかし、奈良環之助はこの年一一月一六日に亡くなってしまいます。四ヶ月後の昭和四六年三月の第一巻発刊のときに生きていたならば、奈良環之助の名前はずっと残ったはずです。しかも、当初は全一一巻、別巻一冊でした。構成は日記が四巻ではなくて五巻、地誌が四巻ではなくて三巻、随筆が一巻ではなくて二巻、雑纂が二巻ではなくて一巻になっています。別巻は「真澄評伝と年表及び索引」で、「評伝と年表」を分けたのが気になります。「評伝」が後に「菅江真澄研究」としてまとまりますが、逆に「年表」は入りませんでした。

昭和四六年二月の『菅江真澄研究所報告』3はもう『菅江真澄全集』刊行の直前です。「菅江真澄全集」には、編集は内田武志・宮本常一として、「刊行のことば」が出てきます。「この内容見本のためにお寄せくださつた諸先生がたの文章からもおわかりいただけるように」とありますので、これは内容見本を踏まえてまとめたことがわかります。それらの文章によると、菅江真澄は「遊歴文人」「民族誌の作者」「植物学者」「日本民俗学の先駆者」「孤独な文学者」「風景画家」など、さまざまに言われています。あとで内容見本に触れますが、いろいろな分野の第一線の研究者の菅江真澄の見方は微妙に違って、多様な視点から真澄が認められていることがわかります。さらに、「独自の方法をもつてそれを記録した類稀れな実証主義者」であり、「近世日本に芽生えていた実証主義の精神を、いま、現代の光のなかで捉えなおそうとしている」として、真澄の「実証主義」を強調しています。末尾には奈良環之助が死んだことも出てきます。

次に、『菅江真澄全集内容見本』を見てみましょう。編集は内田武志・宮本常一で、全一一巻ですが、別巻二になっています。「刊行のことば」は未来社の文章になっていて、末尾には奈良環之助の他に、推薦文を寄せた東京大学の泉靖一（一九一五〜七〇）も刊行前に死んだことが書かれています。泉の死去は昭和四五年一一月一五日ですので、内容見本はそれ以降に作られたことがわかります。これには「推薦のことば」として一三人の文章が載りますので、並べておきます。

未来社版菅江真澄全集をすすめる　有賀喜左衛門
秀れた民族俗誌作者の菅江真澄　泉靖一
年々高まる紀行文の声価　大藤時彦
本草学の興味ある記録　奥山春季
すぐれたヒューマン・ドキュメント　木下順二
真に価値ある全集　西郷信綱
菅江真澄集の刊行を慶ぶ　佐竹義栄

親しい先人、菅江真澄のこと　瀬川清子
菅江真澄全集の刊行をよろこぶ　高倉新一郎
庶民生活研究の原点　竹内利美
各分野に有益な全集　千葉徳爾
菅江真澄と柳田国男　堀一郎
暖かいふれあいを通して庶民を描く　益田勝実

真澄に対する見方は先に述べたとおりですが、社会学者・文化人類学者・民俗学者・植物学者・劇作家・国文学者・藩主末裔・歴史学者・宗教民俗学者など多彩な顔ぶれであることに驚きます。これは真澄の価値が各方面で認められたことを示します。

社会学者の有賀喜左衛門《あるがきざえもん》（一八九七〜一九七九）は、「当時の庶民生活を忠実に記した」「遊歴文人」と見ます。刊行直前に亡くなった文化人類学者の泉靖一は「日本的実証主義者」が残した「秀れた民族誌《エスノグラフィー》である」とします。泉は「実証主義」という言葉を何回も使っています。先の「刊行のことば」はこれを受けているのでしょう。民俗学者の大藤時彦《おおとうときひこ》（一九〇二〜九〇）は、民俗学者ですから、「日本民俗学の先駆者」と呼んでいます。植物学者の奥山春季（?〜一九九八）は、「真澄翁が採録された植物の方言の追究には実地調査によるのが最後に残された問題でしょう」ということを、内田ハチと話したことを書いています。鹿角出身の民俗学者の瀬川清子（一八九五〜一九八四）は、「民俗採集者の先駆」と微妙な言い方をします。この当時、「民俗採集者が聞く者ときかれる者との関係を反省している」ことが念頭にあったようです。民俗学者の千葉徳爾（一九一六〜二〇〇一）は狩猟民俗を研究したので、真澄が取り上げた津軽黒石の在の鹿の頭を多く彫りつけた大石を訪ね、真澄の写生画が狩猟民俗の精神とどう関わるかを考えています。宗教民俗学者の堀一郎（一九一〇〜七四）は、柳田国男の娘三千のお婿さんでもあり、「民俗学の歴史的先駆者」と呼び、柳田が砧人会の小さな集まりで、「全くノートなしで、あの変化にとんだ遍歴、その著作のあとを、年月までそらんじて逐一紹介された」ことを回想します。柳田の中には、真澄の人生が年表のようにして入っていたはずです。終戦直後の様子を伝えていますが、それは内田武志が真澄研究を始める時期に当たっています。真澄がいたころは、グリム兄弟をはじめとする「ヨーロッパ民俗学の発端をなした時期よりも早く」という指摘もしています。国文学者の益田勝実（一九二三〜二〇一〇）は「人民の友」と呼び、「真澄その人を民俗として見うる、対象化しうるような学問をもたねば、わたしはだめなのではないか。そう思うことが多い」と述べます。

全集の「主な内容」には、まず「菅江真澄の画像」があって、〔日記編〕〔地誌編〕〔随筆・雑纂編〕の書目を挙げますが、全一一巻の配分は示されていません。驚いたのは「柳田国男先生の言葉」が載っていることです。末尾には「（昭和二十九年二月十八日付、内田ハチさん宛手紙より)」とあります。珍しい文章ですので、校訂して引いてみます。

(前略)秋田県の若い有識者らが菅江真澄の遺稿を愛読するのと同じやうな熱意を以て、もしも他の多くの都府県の人たちが自分々々の昔の生活に注意しようとしたならば、其結果は多分一度は少なくとも日本の文化は興隆し、もう少し多数の同胞の前途が明るくなるでせう。

真澄は外から来た人です。時には同情のあまり親切なる早合点をして居ることもあり、小さい誤りも稀にはありませうが、ともかくも、前後数百年にわたつて是だけ細密な庶民生活の観察をした人はありませんでした。

秋田津軽南部にかけてはたつた一つ斯んな稀有な記録が保存せられてゐました。他の地方にも果して之にやや近い文章が伝はつてゐるだらうかどうか、それもおぼつかなく、第一真澄翁の日記のやうに、四十何年もの永きにわたり、一貫して農村の現実を語らうとしたものは多分他にはあるまいと思ひます。

前には深沢多市翁の辛苦なる蒐集校訂にも多くの東北人は共鳴しました。今度の内田武志君の事業は言はばそれに印象づけられた者の回想であり、認識であり、追慕であり、同時に変はりはてた其後の国情に対する今一回の反省でもあります。

さうふうことの容易に出来る地域といふものは自分の知る限り決してさう広くはない

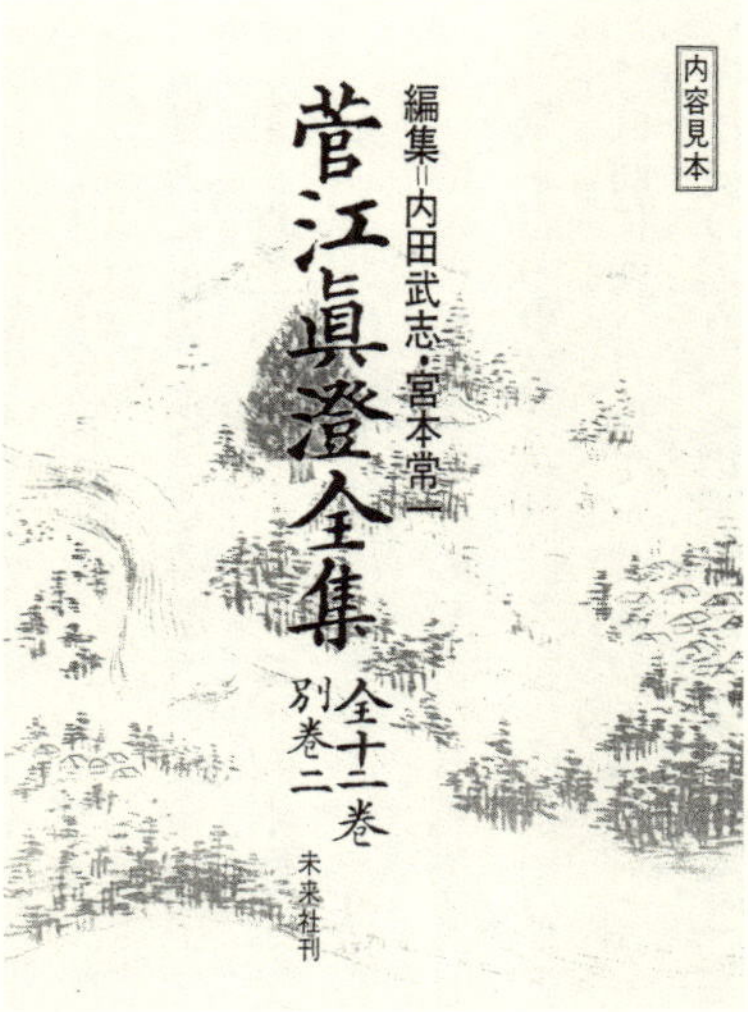

図版11　『菅江真澄全集内容見本』の表紙
全12巻に変更されたもの（秋田県立博物館蔵）

といふことを、或は東北には未だ心づかぬ人があるかも知れませぬ。

このうち、「永きにわたり」以下が写真版でも載っていて、末尾に「昭和二十九年二月十八日　柳田国男誌」と見えます。これは昭和二九年二月の文章ですから、内田の『菅江真澄未刊文献集　一』が昭和二八年一二月に出て、そのあと昭和二九年一〇月に『菅江真澄未刊文献集　二』が出る間に書かれたことがわかります。つまり、この文章の「今度の内田武志君の事業」は『未刊文献集　一』を指すことになります。柳田は、内田が深沢多市の『秋田叢書別集　菅江真澄集』の遺志を受け継いで、その補遺の性格を持つ『未刊文献集　一』をまとめたことを見抜いていたのです。『秋田叢書別集』と『未刊文献集　一』の間には敗戦があったので、「変はりはてた其後の国情に対する今一回の反省でもあります」と加えます。やや飛躍した感じですけど、柳田は日本の状況に対する反省を迫るのがこの『未刊文献集　一』の意義だと考えたにちがいありません。そして、「さういふことの容易に出来る地域といふものは自分の知る限り決してさう広くはない」と鼓舞するのです。

これには「内田ハチさん宛手紙より」とありますけれども、私は手紙ではないと思います。手紙にしてはややかしこまった文章ですし、最後に「柳田国男誌」と書いています。手紙には「誌」という字は書きません。単なる手紙ではなくて、序文を念頭において書いたのではないかと思います。時期からすれば、『未刊文献集　二』に入ってもいいような文章として書いているように考えられます。しかし、渋沢敬三の日本常民文化研究所の刊行物であることもあったでしょうし、『未刊文献集　二』のときにはひどく体調が悪かったと述べていますので、内田はこれを入れられなかったのでしょう。宙に浮いたままだった柳田国男の序文が、『菅江真澄全集』の発刊にあたって、言わば推薦文に準ずる文章として内容見本に入れられたのだと見ることができそうです。なお、この内容見本には「菅江真澄略年譜」が入っています。

昭和四七年七月、「菅江真澄全集」の案内が『菅江真澄研究所報告』４に写真入りで載っています。既刊紹介は第三巻までですが、日記編は四巻で一巻減っています。しかし、地誌編は四巻で一巻増え、随筆編が二巻、雑纂編一巻です。この時は全一一巻ですが、別巻は一巻増え、別巻一は「評伝資料（１）」、別巻二は「同（２）」「索引」となります。「評伝資料」という言い方も微妙で、「研究」ではありません。先の「評伝」が「評伝資料」となって、真澄の伝記に関する資料を集成しようとしたのかと思います。やがて「研究」に変わっていきますが、作り方は異なりますし、ここでは「年表」が削除されたのも気になります。

実は内容見本はもう一度作られています。これは、表紙には「全十二巻」とありますが、「各巻の内容」はなお全一一巻のままで、微妙に異なります。まだ昭和五四年（一九七九）七月の第八巻が配本されていませんので、その前に作られたことがわかります。別巻一はすでに出ていて、「菅江真澄研究」になっています。別巻二は「索引」ではなく、「総索引」と呼んでいます。「総索引」と言えば、本当はすべての語が入ってなければいけないのですが、『定本柳田国男集』（筑摩書房）も、「総索引」を名乗りながら、実は主要語句索引なので、実際にはよくあることなのだと思います。

八　『菅江真澄全集』と別巻一の投げかける問題

こうして出された『菅江真澄全集』の全体は次のようになりました。

内田武志・宮本常一編『菅江真澄全集　第一巻　日記1』	未来社	昭和四六年三月
内田武志・宮本常一編『菅江真澄全集　第二巻　日記2』	未来社	昭和四六年一一月
内田武志・宮本常一編『菅江真澄全集　第三巻　日記3』	未来社	昭和四七年七月
内田武志・宮本常一編『菅江真澄全集　第四巻　日記4』	未来社	昭和四八年二月
内田武志・宮本常一編『菅江真澄全集　第五巻　地誌1』	未来社	昭和五〇年一一月
内田武志・宮本常一編『菅江真澄全集　第六巻　地誌2』	未来社	昭和五一年一〇月

内田武志・宮本常一編『菅江真澄全集　第七巻　地誌3』	未来社	昭和五三年五月
内田武志・宮本常一編『菅江真澄全集　第八巻　地誌4』	未来社	昭和五四年七月
内田武志・宮本常一編『菅江真澄全集　第九巻　民俗・考古図』	未来社	昭和四八年七月
内田武志・宮本常一編『菅江真澄全集　第一〇巻　随筆』	未来社	昭和四九年九月
内田武志・宮本常一編『菅江真澄全集　第一一巻　雑纂1』	未来社	昭和五五年一二月
内田武志・宮本常一編『菅江真澄全集　第一二巻　雑纂2』	未来社	昭和五六年九月
内田武志・宮本常一編『菅江真澄全集　別巻一　菅江真澄研究』	未来社	昭和五二年一〇月
内田武志・宮本常一編『菅江真澄全集　別巻二　索引』	未来社	未刊

昭和五五年一二月、第一一巻・雑纂1の配本に入った『菅江真澄全集月報』の12に触れましょう。ちょうど内田武志が亡くなった月ですが、そのことは間に合わず、「お知らせ」として、「『菅江真澄全集』は全十一巻、別巻二の予定で進めてまいりましたが、刊行途次に発見された自筆本その他の諸資料も収載しましたため、巻数を増やし、全十二巻、別巻二とすることになりました」とします。ここで、作り直された内容見本の表紙にあった「全十二巻」の内実が明らかになり、雑纂2が増えることが宣言されたことになります。

内田武志が晩年に残した問題作ということで言えば、やはり『菅江真澄全集　別巻一』の「菅江真澄研究」を取り上げなければなりません。この研究は、だいたい真澄の人生を追うようにして、次のように構成しています。

この「はじめに」は、『『菅江真澄全集』の編者として、真澄の著述の解題の責任を持った私は、その仕事のさなかに、真澄の漂泊の根源は何に由来するのか深く考えざるを得なかった。そしてなおまた、真澄みずからがおのれの素性に疑念を持って「人間とは何か」を問題として、その生涯を苦悩し、追究した人であることに思い到らずにはおられなくなった。この観点において真澄の本質をまずみようとした」と始めます。この研究は「真澄の本質」を追究したことになります。以下、第一章から第一七章までの要約を記していますので、研究の全体像を考えるのに役に立ちます。

この研究はいくつかの視点を提案していますが、二つほど大きな問題があります。まず問題にしなければならないのは、第一章の「白太夫の子孫」でしょう。真澄自身は「上祖白井太夫より七代ノ孫」であるとしていますが、『伊頭園茶話』の「菅公之家臣白太夫之末孫」であるという聞き書きをもとに、そうした点から真澄の素性を考えていきます。この白太夫というのは、「神の力を人間に持ち伝えた巫祝の家の始祖であった」と説明しています。そういう宗教家の家柄なので、真澄の家は多くの他国の人を泊めていたと考えます。そして、幼い時に岡崎にある曹洞宗の成就院に預けられ、喝食稚児《かっしきちご》として絵解きをしていたのではないかと言います。だんだんと想像が膨らんでゆくことが懸念されますが、そうしたことが彼の人生や作品に大きな影響を与えたのではないかと考えます。この「菅江真澄研究」では、「白太夫の子孫」という、それまでなかった視点が冒頭から浮上してくるのです。

もう一つの問題は、第九章の「帰郷」です。『百臼之図』の詳細な内容から、文化五年（一八〇八）、亡くなった国学者の植田義方《うえたよしえ》（一七三四〜一八〇六）を弔い、教養を深めようとして、故郷三河に一度帰ったのではないかと推測します。このあたりになると、もう小説みたいになりますが、行きは廻国船を新潟で下りて、信濃から三河へ戻り、帰りは若狭小浜から船に乗って戻ったとまで述べています。『百臼之図』には東海道や近畿地域の臼の図絵を多く描いていますが、真澄の図絵は松前藩侍医の加藤肩吾《かとうけんご》（一七六二〜一八二二）の影響を受けて、格段に進歩したと考えられています。『百臼之図』であれだけの写生ができたのは、回想ではなく、「東海道、近畿地域の臼の画《え》は、この帰郷の折りに描いた写生だったのである」と考えています。国学者の内山真龍《うちやままたつ》（一七四〇～一八二一）と会ったことで、日記から地誌へ動いたのではないかということも述べています。

そして、「おわりに」では、『菅江真澄全集』刊行中の昭和五〇年（一九七五）、柳田国男賞の栄誉に浴したことを述べます。これが大きな刺激になって、別巻一の「菅江真澄研究」を先にまとめることにしたのでしょう。「白太夫の子孫」という問題についても、鳥屋長秋《とやのながき》（?～一八四二）が円満寺御取次に出した書簡との関係に言及します。これは三回忌の墓碑建立の寄付に対して遺品の地誌を贈るものでしたが、それは円満寺そのものではなく、白山姫社の熊谷越前頭にあてた書簡だったのではないかと推測しています。白山信仰の白山姫社を祀るこの地域の人々に、その縁から白太夫の子孫である真澄の遺品を分けたと考えるのです。別に、「下層民衆に視点をおいて批判をまじえずに、あるがままの事物を記録しようとした真澄の意図は、その生まれ育った素性、環境を度外視しては語れない」とまで述べています。

実は、『菅江真澄全集』には「年表」がありません。ただし、昭和五三年（一九七八）に発行された菅江真澄百五十年祭実行委員会編の『菅江真澄と秋田』（加賀谷書店）が残っています。その最後に内田の「菅江真澄年譜」が出ています。それは「「別巻一　菅江真澄研究」は、この年譜の裏付けとなる」とするものです。例えば、真澄の生まれ故郷はそれまで渥美郡《あつみ》（豊橋）だと考えられてていましたが、ここへ来て岡崎に変えています。これは水谷源二郎の教示によるものです。先に述べた帰郷は、文化五年四月に、「能代から乗船し、故郷・三河尾張へ帰郷して、年末までに戻ってきた」とあります。文化九年（一八一二）一月には、「「諸国風俗問状」答書のため、秋田の正月行事を探索す」、文化一二年（一八一五）七月に九代藩主佐竹義和《さたけよしまさ》（一七七五〜一八一五）が亡くなったときに、「家老梅津下屋敷に滞在中の真澄は藩主死去の報に驚き、卒倒し重体となる。年末までに回復し、町家に移る」、文政五年（一八二二）には、「是観に託して東本願寺に『氷魚の村君』を奉納す」ということも出てきます。別巻一の「菅江真澄研究」の成果が、この年譜の中にさまざまに反映していることがわかります。従って、これが内田武志が最後にたどりついた年譜だったことになります。

しかし、微妙なのは「白太夫の子孫」はこの年譜では外してあり、先ほど言いましたような、安永九年（一七八〇）の伊吹山の採薬旅行も外してあります。「天明三年、故郷を出立する以前の年譜はあえて削除した。いまだ推測、研究の段階だからである」と述べています。別巻一の「菅江真澄研究」の成果はだいたいそのままこの年譜に反映しているのですが、若いときの事柄は研究途上であるとして載せません。内田の中に微妙な揺らぎがあったことが察せられますが、これは注意していいことでしょう。

九　充実した『菅江真澄全集月報』の内容

最後に『菅江真澄全集月報』一三冊に掲載された文章を見てみましょう。

『菅江真澄全集月報』1（昭和四六年三月）			
菅江真澄未刊文献集が出る頃	櫻田勝徳	白井秀雄と洗馬　思いつくままに	田村岩雄
奈良環之助氏を悼む	内田武志	旅と学問と人生	河岡武春
『菅江真澄全集月報』2（昭和四六年一一月）			
真澄の未発見本目録（一）	内田武志	源氏の血をひく雅文調	杉浦明平
菅江真澄とアイヌ	姫田忠義	砂子又川ばたの家	田村善次郎
『菅江真澄全集月報』3（昭和四七年七月）			
菅江真澄と秋田藩	今村義孝	尾張の菅江真澄	長沢詠子
真澄の残した白タンポポ——山崎立朴のこと——	森山泰太郎	図絵を読む楽しさ	内田ハチ
『菅江真澄全集月報』4（昭和四八年二月）			
真澄が泊った羽黒山の宿坊	戸川安章	森林官からみた菅江真澄	長岐喜代次
菅江真澄について私は知らなすぎる	新野直吉	青森と菅江真澄	横山武夫
『菅江真澄全集月報』5（昭和四八年七月）			
「紀行日記」と「地誌」のあいだ	竹内利美	『鄙廼一曲』の一節	臼田甚五郎
考古学、民族学の基礎資料	江坂輝弥	破笠と羽笠——第三巻の註について	内田武志

『菅江真澄全集月報』6（昭和四九年九月）			
真澄の多巨波太	西山松之助	ねふりぐさ研究余録	本村勳
来目路の橋の神社	米地実	私の真澄の旅	須藤功
『菅江真澄全集月報』7（昭和五〇年一一月）			
菅江真澄の『粉本稿』	天野武	菅江真澄との再会	石上玄一郎
真澄の旅日記と私	楠正弘	菅江真澄の足跡をたどって	奈良修介
『菅江真澄全集月報』8（昭和五一年一〇月）			
真澄見聞の民俗の廃滅と残存	森口多里	菅江真澄の飢饉観	桜井徳太郎
神の去来路	金井典美		
『菅江真澄全集月報』9（昭和五二年一〇月）			
真澄翁と着もの・食べもの	瀬川清子	真澄の描写した性の民俗	千葉徳爾
過ぎつつ住みつく者	安水稔和	民俗学の脚	山折哲雄
『菅江真澄全集月報』10（昭和五三年五月）			
「あなめ、あなめ」考	綱淵謙錠	真澄逝って百五十年	富木隆蔵
生活史と真澄	荒谷誠	「ひなの一ふし」小注	中村喜和
『菅江真澄全集月報』11（昭和五四年七月）			
実証の精神	篠田浩一郎	菅江真澄と鳥追い行事	直江広治
名のり・「奥州征伐記」・「刀」	松田修	「遊歴文人」から「自然誌旅行家」へ——菅江真澄における絶えざる内部変革——	斎藤正二

『菅江真澄全集月報』12（昭和五五年一二月）			
円空と菅江真澄	五来重	菅江真澄と武藤鉄城さん	太田雄治
真澄自筆本と信州 ——その五十年の歳月——	胡桃沢友男		
『菅江真澄全集月報』13（昭和五六年九月）			
岩木山赤倉が岳の鬼神	内藤正敏	菅江真澄の歴史的研究	高橋富雄
中世説話・物語の片影	徳田和夫		

新野直吉さんが、月報4に「菅江真澄について私は知らなすぎる」という文章を書かれています。その思いが持続して、やがて秋田県立博物館長になり、さらに名誉館長になって、ご講話を続けられていることがわかります。先ほど久しぶりに一時間ほど親しくお話しましたら、「「私は知らなすぎる」と書いた責任があり、今は少しはわかるようになったことを、秋田県の方々に表明したい」とおっしゃっていました。そんな思いでご講話を続けていらっしゃるのだと思います。

月報には四九編の文章が載っていて、内田武志が三回書いていますので、四七人になりますが、内容見本と重なるのは竹内利美（一九〇九〜二〇〇一）・瀬川清子・千葉徳爾の三人です。大家の文章というより、後に活躍される人々が菅江真澄に寄せた文章が多いように思います。

内田武志が亡くなった後、妹のハチさんがさまざまな形でそれを受け継いで、昭和六四年(一九八九)には『菅江真澄民俗図絵』全三巻(岩崎書店)をまとめますし、ご自分でも科学史や理科教育の視点から真澄の読み方を提案しています。私は真澄を他の領域に開いてゆく上でも大事な読み方だと思います。

昭和三年(一九三八)の百年祭のときに柳田国男が秋田で講演をして、この百年祭が第一回の真澄ブームになったと思います。そして、今日見たように、昭和四三年の百四十年祭から一年遅れましたが、昭和四四年の墓前祭は『菅江真澄遊覧記』の刊行中であり、昭和五三年の百五十年祭は『菅江真澄全集』の刊行中でした。この『遊覧記』と『全集』が出て、百四十一年祭と百五十年祭は第二回の真澄ブームを作ったと言っていいでしょう。それはまさに内田武志の偉業が成し遂げられた時期であり、一般の人々が現代語訳にした『遊覧記』を通して真澄の魅力を知り、さらに原文と図絵をすべて収録した『全集』によって全体像を知ることになりました。

そうした流れを考えると、第三回の真澄ブームは私たちの時代につくらなければなりません。二年後の平成三〇年(二〇一八)が百九十年祭、二〇二八年が二百年祭ということになります。百九十年祭から二百年祭にかけてのこの時期に、私は第三回の真澄ブームをつくっていきたいと思います。そのためには、国際化や情報化の時代を迎えていますから、その中に菅江真澄を置いて、その魅力をどう発信できるかが大きな課題になると思います。でも、内田武志をこうして四回にわたってたどってきたことで、私たちは百九十年祭、二百年祭に向けた歩みを始められるのではないかと思っています。

（二〇一六年九月二四日、秋田県立博物館講堂にて講演）

付記一

内田ハチは「菅江真澄への歩み」（岡崎市立図書館編『菅江真澄顕彰記念誌』岡崎市立図書館、一九八七年）で、全集発刊への経緯を次のように述べています。

> 菅江真澄の紀行を原文で読みたいと希望する人が多くなったのであろう。「菅江真澄遊覧記（5）」をご覧になって大藤時彦氏は、「私の考えていますのは大兄の手で真澄の定本全集を刊行したいことです。機会がありましたら出版社に説いてみようと思っています。どうしても出して置かねばならない全集と考えています。」とお手紙で仰った。
>
> 武は「菅江真澄全集の編述は、永年の念願でございましたので、幸いこれを果す機会に恵まれますならば、最大限の努力をしてみたいと願っております。……」（大藤時彦様、昭和四十三年九月六日）と申し上げた。しかし、この件は実現を見ずに終った。
>
> そのうち、同年十一月七日、宮本常一氏から「さて本日、未来社の松本編集長が見えたので、全集のことについて正式に申し入れましたところ、早速会議をひらいて討議するということです。……」その年の十一月十八日、宮本氏と西谷社長との話し合いの結果を明細に記した全集出版計画案のお手紙が宮本氏から届けられ、十二月二十日、未来社々長西谷能雄氏、宮本常一氏が来訪され、菅江真澄全集刊行計画は確定した。西谷氏は原本所蔵の諸家に御挨拶し、秋田を去った。

付記二

内田武志が作成した年譜には①〜⑥があります。

①「略歴」内田武志『秋田の山水』（秋田野菊会本部、一九四八年）
②「菅江真澄著書年表」内田武志『菅江真澄未刊文献集　二』（日本常民文化研究所、一九五四年）
③「菅江真澄年表」内田武志・宮本常一編訳『菅江真澄遊覧記　1』（平凡社、一九六五年）
④「真澄の年表」内田武志『菅江真澄の旅と日記』（未来社、一九七〇年）
⑤「菅江真澄著書年表」菅江真澄百五十年祭実行委員会編『菅江真澄と秋田』（加賀谷書店、一九七八年）
⑥「菅江真澄年譜」岡崎市立図書館編『菅江真澄資料内田文庫目録』（岡崎市立図書館、一九八七年）

付記三

最初に作られた内容見本については、小田富英さんから御教示を得ました。また、鹿角に住む須藤（豊口）春代さんを松山修さんと訪ねましたが、その後、お亡くなりになりました。ご冥福をお祈り申し上げます。なお、二〇一七年一月二八日に、秋田テレビで「秋田人物伝　内田武志」が放映されました。

V　菅江真澄と内田ハチ――科学・教育・図絵――

一　兄内田武志の支援と研究者としての自立

内田武志（一九〇九～八〇）が生涯をかけた菅江真澄（一七五四～一八二九）研究は、今日の研究の基盤を築いたものとなっています。なかでも、宮本常一（一九〇七～八一）との共編訳『菅江真澄遊覧記』全五巻（平凡社、一九六五～六八年）は、読みやすい現代語訳によって、多くの人が真澄に触れる契機を提供しました。宮本常一との共編『菅江真澄全集』全一二巻・別巻二冊（未来社、一九七一～八一年、別巻二の索引は未刊）は、菅江真澄が書き残した全貌を明らかにしています。

内田武志と四歳違いの妹の内田ハチ（一九一三～九八）は、血友病で動けない兄の手足になって、その研究を献身的に支えました。武志の『日本星座方言資料』（日本常民文化研究所、一九四九年）に、渋沢敬三（一八九六〜一九六二）は「歩けぬ採訪者」という序文を寄せて、その支援を次のように讃えています。

> 真澄については早く柳田国男氏の研究あり、真価も認められたが、尚その生涯につき幾多の疑点があり、又未刊の紀行文もあるらしかつた。内田君は之れ等の疑点や未知のものを異常な努力で次々と解き且つ発見しつつある。病弱横臥の身であり乍ら、之の労作の出来たのは全く令妹ハチ女史等の努力の賜《たまもの》で未刊本の中にも大館の栗盛家にある資料調査の如きは何十回となく令妹たちが通ひとほして完成迄持つて行つたので、之の一家挙げての追求力と学問への帰依の態度は全く涙ぐましいものであつた。

昭和二一年（一九四六）、ハチは秋田県立女子医学専門学校に勤め、学校の近くに間借りし、兄武志の本格的な支援が始まります。柳田国男（一九〇九〜六二）の仲介によって、まもなく栗盛家の閲覧は実現したものの、その作業は想像を絶するものでした。ハチは、「薄紙にやわらかい鉛筆ですき写してくる。それを読み、不明の箇所に印をつけるとまた持ってゆき写し直してくる。附箋のついた写本を持って三時間余もかかる大館まで幾度往復したことであろうか」（「菅江真澄への歩み」）と回想しています。

この作業の間に、ハチが勤めていた秋田県立医学専門学校は廃校となり、昭和二二年（一

図版12　内田武志（左）と内田ハチ（昭和22年頃）
（岡崎市立図書館編『菅江真澄顕彰記念誌』より）

九四七）から秋田師範学校に勤め、女子寮が宿舎となります。やがて渋沢敬三の支援があって、武志は、昭和二八年（一九五三）に『菅江真澄未刊文献集　一』（日本常民文化研究所）、継いで、昭和二九年（一九五四）に『菅江真澄未刊文献集　二』（日本常民文化研究所）を発刊します。戦前の『秋田叢書』に収録されなかった資料に、新たに発見した資料を加えて、菅江真澄の全貌に迫ろうとしたのです。

だが、武志はこうしたことを実現するための家族の支援について、ほとんど書くことはありませんでした。ハチが登場するのは、昭和四〇年（一九六五）の『菅江真澄遊覧記』1の「あとがき」で、「注解は共編者宮本常一が当たったが、なお自然方面に関する注解には妹内田ハチもたずさわった」という一節からでした。昭和四二年（一九六七）の『菅江真澄遊覧記』3の「あとがき」では、「本草関係の注記には、地質鉱物を加賀谷文治郎（秋田大学名誉教授）、動植物を妹の内田ハチ（秋田大学助教授）が受け持っている」と記しています。ハチは秋田大学教育学部に勤めるようになり、専門的な知識を真澄の文章の注記に生かすようになったのです。それは、兄武志を介護しながら研究を助けるだけでなく、その蓄積を通して自立した研究者となってゆくことを意味します。注付けの難しさについては、昭和四一年（一九六六）の『あきた』第五巻第一一号に寄せた「岳茶・岳あられ」で述べています。

二　菅江真澄の記録の科学性に対する評価

これまで見過ごされてきましたが、内田ハチが展開した菅江真澄研究は、柳田国男が「民俗学の恩人」と呼んだような視点とはずいぶん違うものでした。それが姿を現したのは、『菅江真澄遊覧記』全五巻の刊行と並行するように書き継がれた「菅江真澄に見られる科学的記録」の連載でした。それらは、昭和四〇年から昭和四二年の『秋田大学学芸学部研究紀要　教育科学』第一五集から第一七集、昭和四三年（一九六八）の『秋田大学教育学部研究紀要　教育科学』第一八集に、四回にわたって掲載されました。

「その一　恙虫病《つつがむしびょう》」には、「菅江真澄の記録の科学性」という一節が見られます。その中で、

「彼の各所で採録した膨大な旅行記から、まず自然科学方面の記録に着目し、抽出した。それらを項目別にまとめ、そこに見られる地方性、並に歴史的裏づけをもって、彼の記録の科学性を証明したい」としました。これは、人文科学の視点から真澄の記録を評価するのとはまったく異なっています。

そして、真澄の方法について、「いたずらに書籍の上だけの知識で論ずる時代はもうすぎた。学問は、実物を観察し、採集し、記録して、これらを比較検討する方法によらねばならぬ。人文方面にも自然方面にもこの方法は必要である。自分は奥州、松前の未見の地でこれをおこなってみたい。彼のこの決意は前述した日本本草学のすうせいであり、ここに近代科学への萌芽がみられる」とまとめます。

その具体的な事例として取り上げたのが恙虫病です。真澄の『雪の出羽路雄勝郡』『雪の出羽路平鹿郡』『月の出羽路仙北郡』から、真澄が出羽国で文化・文政年間（一八〇四〜三一）に採録したケダニの事例を拾い上げます。その上で、同時代の文献である『蒹葭堂雑録《けんかどうざつろく》』『黒甜瑣語《こくてんさご》』『計太仁治験《けだにちけん》』と比較して、次のような結論を導き出します。

一、記録の方法はあくまでも客観的である。批判的な私見私情をのべることをしない。

一、彼の問題とするのは、事実現象そのものであり、比較検討もいたずらに古書にとらわれない。比較検討の素材は旅によって得られた。彼の頭脳はこの素材を鮮明におさめ続けた。旅を採集の旅とも名づけられよう。まさに科学的方法である。

一、採録の態度は常民の生活をとおしておこなわれ、医療についても自分の側からはしるさなかった。常民の生活にふれるとき、当然口承伝説ならびに民間信仰もまた記録の対象となる。

一、彼は現象の全般にわたる詳細な記載の後に解釈のあることを、換言すれば記載が科学の第一歩であることをすでに知っていた。大友玄圭《おおともげんけい》の記録を照合してもわかるように、真澄の記録は恙虫病の全般にわたっていて、単に治療法のみをしるそうとしたのではない。ここに彼の旅立つ以前の教育がおしはかられる。すなわち彼は科学的記載方法をすでに学んでいた。

一、出羽国の地誌に彼が「恙虫病」をあげた理由は、これがもっとも風土的な病気であると認めたからである。彼は一度旅で見た事象を他の場所では発見できるか否か注意していた。そして彼の旅の範囲では出羽国および越後国においてのみ、この病気のあることを知った。

こうして真澄の記録の科学性に光をあてるような視点は、それまでの研究には見られず、まったく新しい視点でした。さらにハチはこの連載を、「その二　博物学的教養の背景と旅」「その三　アイヌの「ヌベ」考」「その四　伊吹山採薬のこと」と続けました。その四では、新資料の丹羽嘉言《にわよしのぶ》（一七四二〜八六）の『胆吹遊草《いぶき》』の全文を翻刻して、真澄の博物学的教養の源泉が若かりし頃の尾張の本草学にあることを明らかにしました。

三　理科教育の実践から見た菅江真澄の価値

こうした真澄に対する評価は、その展開として、専門とした理科教育の実践に進んでいきます。昭和五二年（一九七七）の『日本理科教育学会研究紀要』一八に寄せた「理科教員養成における科学史教材の役割―菅江真澄と彼の科学的業績―」があります。これは、先の「菅江真澄に見られる科学的記録」の連載をふまえて、真澄の方法を理科教育の実践に応用しようとする試みでした。

長崎の出島で博物学すなわちナチュラル・ヒストリーを広めたシーボルト（一七九六〜一八六六）の事例を引きながら、「真澄の旅の記録をみるとき、私は彼の業績は、日本人が日本を誌した自然誌、博物誌であると認める」とします。菅江真澄はシーボルトより半世紀も早くこうした分野に携わっていたことになります。しかも、シーボルトが『江戸参府紀行』で感動を記した尾張の学問は、真澄が若いときに学んだものでした。

そして、「真澄には遊歴文人を装うべき理由がありながらも、自己本然の記録を着実に書き留める努力をなし続けたのである」とし、その事例として、次の場合を挙げます。

一七八五（天明五）年、岩手県二戸郡の末の松山に到り、古歌に詠まれる末の松山とはここであろうかと記しているが、同時に、この山の土の中から掘り出したという貝化石に着目している。しかもこの着目は一度で終わらず、その三年後も再びこの地を訪れ、貝化石の採集もさらに多く、「筆貝、松の皮貝、はまかづらなどのくだけたるを、人々ひろひもて、つとにぞしける。うべ波のうちよりしあとゝあり。さりければ山坂の名にへり。はた末の松山とはもはらにはいはじなど語りつれて、」と記しているのは、最初の途すがらきかされた末の松山の印象から脱して次第に、自己の眼で見とどけた現象に関心をよせ、この峠の名が浪打峠と呼ばれているのは、この露出部にあらわれている「波のうちよりしあと」の如き層をさしているとしているが、この層は現今、国指定の天然記念物とされる美しい偽層（交叉層）である。真澄はさらに後年、一八二三（文政六）年ごろの《筆のまにまに》に、福本興正として、「浪打峠のみならず、ここから福岡の里堺までさまざまの貝あまた埋れてあるなり。いにしへの末の松山かそれかあらぬかはしらねど、かかる高き処まで、海ありしかとあきれて福本興正が語れり」と記して、自らの探求のありかたを、正直に誌してくれる。

歌枕の「末の松山」の場所としては、現在の多賀城市であると見る説が有力ですが、真澄は「浪打峠」の地名とともに取り上げて、ここからは貝の遺物が多数出土することに注目します。それによって、都で「末の松山波越さじ」（『百人一首』清原元輔）と和歌に詠まれた伝承の原拠を追究するのです。

ハチはこうした事例を学生たちに説明したようです。学生が先生になって八幡平《はちまんたい》の小学校に就職し、「五年生の子どもたちが貝の化石を持ってきて見せてくれました。放課後に子どもたちの案内で山に行ってみました。それから貝の化石とのつきあいがはじまりました」と報告した者がいました。ハチは「学生たちが教師となって、真澄を教育の場に生かし、自らもまた教え子と共になまの自然に裸でぶつかった報告はいたく私を喜ばせた」と述べています。「真澄は教育の中に生きている」という実感が持てたのだろうと感じられます。

同じく昭和五二年の『科学史研究』第Ⅱ期第一六巻（一二四）に掲載された「日本科学史における菅江真澄」は、「私の眼に映ずる真澄は、科学的着眼を持ち、あくなき探求の旅をつづけた人である」という観点を徹底化します。これを書き継いだ「科学史上における菅江真澄の業績（Ⅱ）─西欧科学との比較─」は、『科学史研究』に投稿する予定でしたが、未発表に終わりました。そこでは、同時代を生きた人物として真澄と比べられるのはフンボルト（一七六九〜一八五九）だと見ています。具体的には真澄の記録したサクラの事例を引いて、その価値を検証します。

内田ハチは、世界の科学史の中に菅江真澄の記録を位置づけ、それを理科教育の実践に生かそうとしました。こうした真澄の捉え方は今もなお新鮮であり、これから真澄を世界史の中で評価する際の、一つの指針になると考えられます。

四　菅江真澄の図絵のカラー公開と百五十年祭

一方、内田武志の菅江真澄研究はいよいよ本格的に進んでいました。『菅江真澄遊覧記』と昭和四四年（一九六九）に編集した『菅江真澄随筆集』（平凡社）から『菅江真澄全集』に移る間に、菅江真澄研究所を自宅に置き、『菅江真澄研究所報告』四冊を出します。ハチは、昭和四五年（一九七〇）の『菅江真澄研究所報告』1に「図絵を読む楽しさ」、昭和四六年（一九七一）の『菅江真澄研究所報告』3に「河北文化賞　受賞のこと」、昭和四七年（一九七二）の『菅江真澄研究所報告』4に「白井秀超について」を載せました。

昭和四七年の『菅江真澄全集月報』3に載せた「図絵を読む楽しさ」は、先の「図絵を読む楽しさ」の転載でした。冒頭に、「菅江真澄のかきのこした図絵のすべてを、全集にいれようということになって、同時に、この図絵に真澄が書いている説明文もすべて活字にしてのせることになり、その原稿作りの役は私に負わされた。なにしろ、三千枚にもあまる写真が、つぎつぎと未来社から送られてくるに及んでは、まるで重いつづらを背負わされている感があった。けれども、このつづらはあけてみてはじめて、その宝の真価を知ることができた」とあります。ハチは、全集の口絵に載せた図絵の説明文を翻刻する作業を通して、次第に図絵の世界に魅了されてゆきます。

その成果はやがて、平成元年（一九八九）の内田ハチ編『菅江真澄民俗図絵』全三巻（岩崎美術社）へ展開します。これは菅江真澄没後百六十年記念出版であり、真澄の図絵二五七点を原色・原寸大で収録しました。全集は白黒・縮小版だったので、こうした体裁での公開は初めてでした。下巻の「解説」には、内田ハチの「真澄の図絵とその成立背景」、辻惟雄の「菅江真澄の絵」、宮田登（一九三六〜二〇〇〇）の「民俗資料としての真澄の図絵」が掲載されています。

振り返ってみると、兄武志にはできなかった菅江真澄に関する講演を、ハチが引き受けるようになっています。昭和五〇年（一九七五）、鹿角市文化財保護協会設立総会で「菅江真澄と鹿角」の記念講演を行い、昭和五一年（一九七六）の『上津野』1に収録されました。鹿角は内田兄妹の出身地であり、東京から疎開した武志が真澄との深い因縁を感じた場所でした。ハチは刊行中の全集の資料を駆使して、真澄が鹿角を訪れた三回を解説し、「真澄を鹿角では単なるゆきずりの旅人として遇してはならないと思う」と結びました。

さらに昭和五三年（一九七八）の春は、地元紙の『秋田魁新報』に、「菅江真澄の旅」を一〇回にわたって寄稿しました。ちょうど菅江真澄没後百五十年祭でしたので、新聞社の要請による連載だったにちがいありません。この年、菅江真澄没後百五十年祭実行委員会編『菅江真澄と秋田』（加賀谷書店）が発刊され、ハチの「多可茂助の『覚書』による真澄の学問の源流」が巻頭に載りました。真澄が岩野の人参畑で働くのを見たという記録から、尾張います。

藩薬園に勤め、藩の下屋敷の人参畑で朝鮮人参や甲州甘草を栽培したらしいことに言及して
　昭和五四年（一九七九）の『菅江真澄と秋田』（秋田県立博物館）は、百五十年記念遺墨資料展目録として発行され、ハチは「菅江真澄の故郷と学問」を載せます。これは遡って、昭和五〇年七月一九日の真澄の命日に行った講演を掲載したもので、やはり、「真澄は、尾張におきまして本草にいたしましても、考古にいたしましても、その萌芽期の学問を身につけた。本当に日本の科学の黎明期の一番もとになる教養を身につけることができたのだ」と強調します。これには新行和子の「郷国における菅江真澄」も載っています。

　昭和五五年（一九八〇）、秋田県文化保護協会では、『出羽路』第六八・六九号に「菅江真澄特集」を組み、「庶民生活に光―真澄百五十年祭記念座談会―」を載せました。その中に、高橋富雄の「真澄の深い人間愛」、長沢詠子の「丹羽嘉言を師とす」、佐藤久治の「真澄と秋田万歳」、奈良修介の「板碑や埋没家屋」、工藤茂美の「真澄と植物」が並び、それらを受けて、ハチは「自由を最上の喜びとす」を述べています。ハチの文章の冒頭に「五人の先生方」とあるのは、ここに挙げた五人を指しています。

　兄武志の没後、岡崎市立図書館に、全集に使った原本複製ファイル一四四冊と焼付写真約四〇〇〇枚が寄贈されました。昭和六二年（一九八七）、岡崎市立図書館編『菅江真澄資料内田文庫目録』（岡崎市立図書館）が発行され、岡崎商工会議所で菅江真澄顕彰記念講演会

が開催されます。その時の講演はハチの「菅江真澄への歩み」と網野善彦の「歴史学と民俗学の関係をめぐって」でした。「菅江真澄への歩み」は、この年の岡崎市立図書館編『菅江真澄顕彰記念誌』（岡崎市立図書館）に、武志の写真二点、「内田武志著作年譜」とともに収録されています。これは兄武志を偲ぶ講演でしたが、兄の業績を未来につなぐことで、ハチの菅江真澄研究は一区切りをつけることになったと考えられます。なお、「菅江真澄への歩み」は、昭和六三年（一九八八）の『岡崎市史研究』第一〇号に、網野の講演とともに再録されています。

付記一

内田ハチには、「心のふるさと」（『文化と教育』第九巻第二号、一九五八年）、「人間性へのめざめ（日本）―むじゅんの愛情が生む悲しみから―」（『ニューエイジ』第一一巻第二号、一九五九年）といった文章もあります。これらは盲目の少女須藤春代の詩集『春のだいち』（岩崎書店、一九五四年）を受けて書かれたものです。いずれも菅江真澄研究より早いことが注意されます。

付記二

松山修さんのご教示により、寺島俊雄「追憶　秋田県立女子医学専門学校」（『秋田大学医学部医学科同窓会誌　本道』第二九号、二〇一七年九月）で、内田ハチが助教授として生物を教えたことを述べ、写真二点を収録することを知りました。

VI　真澄のまなざしを考える——あきた遺産の再評価——

一　離島の実践から学ぶことがある

今回、乳頭温泉から角館《かくのだて》を回って今日、秋田に入りました。紅葉が北から南へ、そして山から里へと動いてゆく最中、国民文化祭で活気溢れる秋田駅へ降りましたら、大勢の人で動きがとれないほどでした。ブラスバンドの演奏があったり、大変賑やかです。

実は、先週の土曜日（二〇一四年一〇月四日）は、鹿児島大学で「島を結ぶ学びと連携」というシンポジウムがありました。一週間に日本の南と北を見るという、なかなかできない経験をしました。鹿児島から南にかけて種子島・屋久島、トカラ列島や奄美大島があり、沖縄の手前までが薩南諸島です。柳田国男（一八七五〜一九六二）が「海上の道」を唱えましたので、その意味を今、薩南諸島で考えてみようと出かけて行ったのです。

ところが、台風一八号が接近する中、前日に種子島に行ったところ、役場で「明日はもう強風で会場は使えない。避難のための対応をしなければならない」と言われました。中止か延期かと思いましたが、鹿児島大学でやることになって、鹿児島まで慌てて飛行機で戻りました。私どものように東日本にいると、なかなか想像できませんけれども、鹿児島にいると、台風は日常茶飯事のようです。今はもう次の台風一九号が来ていますが、九三〇ヘクトパスカルくらいの強大な台風です。

翌日、会場を鹿児島大学に移して、今は情報網が発達していますので、鹿児島と種子島、口永良部島《くちのえらぶじま》、奄美大島といった離島を映像と音声でつなぎ、シンポジウムが開催されました。「島を結ぶ学びと連携」のテーマどおり、発達してきた情報網が離島を結んだのです。その結果、中止にも延期にもなりませんでした。その様子はネット上で公開されています。

今、秋田市でこういう会が催されていますが、ひょっとしたら離島の実践は秋田県でも有効かもしれません。秋田県も広いので、「由利本荘からは遠い」とか、「湯沢からは時間がかかる」とか言ったときにも、離れた会場を映像と音声で結ぶのも一つの方法ではないかと思います。この情報化時代の新たな対策を離島の実践から学ぶことができるように思います。

種子島と屋久島は錦江湾の入口に並んでいます。種子島は、宇宙センターからひまわり八号が打ち上げられたことで知られるように、最先端の科学技術がある場所です。一方で屋久島には縄文杉があって、平成五年（一九九三）に白神山地と一緒に世界自然遺産になっています。本州の南の入口は、日本人が未来と過去を考える地域として大きな意味を持つようになっています。

それにしても、屋久島と白神山地は対照的です。屋久島は照葉樹林文化地帯に位置しますが、白神山地はナラ林文化地帯に位置します。植生の上で日本が二つの地帯に分かれ、それぞれの風土に即した文化を培ってきたことを考えてみなければなりません。そうした意味でも、この一週間の移動は大きな刺激になりました。

今年の国民文化祭のパンフレットを見ますと、「文化を旅する」というテーマになっています。「文化を旅する」というのは、秋田県で言えば、まさに菅江真澄（一七五四〜一八二九）のことではないかと思います。「秋田らしさ」を考えようとするとき、真澄が残した日記や地誌・随筆・図絵といった遺産は、全国を見ても他に例がありません。二百年前の秋田県がリアルに残されていることの価値は、さまざまな場所で高い評価を受けていいと感じます。

二 「菅江真澄、旅のまなざし」の展示と図録

菅江真澄資料センターは開設一九年ということであり、いよいよ二〇年になろうとしています。私も長い間お付き合いしてきましたが、今回の第二九回国民文化祭あきた２０１４開催記念特別展「菅江真澄、旅のまなざし」を一時間ほどかけて拝見しますと、やはり大変な

達成であると思います。図録の『菅江真澄、旅のまなざし』（秋田県立博物館、二〇一四年）と合わせて考えますと、今回の展示の内容で気がつくことが三点ほどあります。

一つめは、秋田県内をくまなく調べてまとめただけでなく、昭和初めの『秋田叢書』『秋田叢書別集　菅江真澄集』が菅江真澄の著作を網羅したように、秋田県を超えて、真澄の足跡を広くたどりながら、自筆本と共に、その全体像を見せてくれたのは大きな驚きです。従って、作成した図録は、これから菅江真澄を考える際の必須の文献になると思います。

『菅江真澄全集』は白黒版で載せましたが、それは当時の技術です。今回の図録を見ると、カラーでよくわかります。展示を見るとそれ以上で、二百年前の色合いが今も鮮明に残っているのは感動的です。柳田国男が「あの絵はすばらしいけれども、出版には妨げになる」と言った意味を、改めて感じます。

二つめは、真澄が描いたものを実際に持ってきて並べて見せてくれたことがあります。写真で済ませることもできたでしょうが、二百年前に真澄が見たものはこれだったことがわかります。その結果、二百年間で痛んだところがあることが確認できたり、まったくそのままだと感心したりしたわけです。真澄の残したものは平面的ですから、博物館展示としては立体的にするのに工夫が必要だったと思いますが、その点で苦労されたことと推察します。

そして、三つめは、小さなテーマを立てて図録を編集し、真澄の読み方を提示したことがあります。菅江真澄が何者かというのはなかなか難しいことですけれども、まずは真澄が描いた世界を分類しながら、こう読んでいけばいいのではないかとする提示は、とても大きい意味を持ちます。

欲を言えば、目次に各章しかないのが残念です。目次の中に、例えば「第5章　くらしのかたち」ならば、「漁村の暮らし」の「氷下曳網漁」「タラ漁」「ハタハタ漁」「コンブ漁」「さまざまな漁法」のようにあれば、もっと使い勝手がよかったはずです。巻末に五十音の索引があれば、さらに便利に使えるはずです。

図録には「第6章　あきた遺産として」があります。今、日本各地で、生活する地域の遺産を自ら発見して、それを保護して顕彰し、そして活用してゆこうという動きが盛んです。おそらく国民文化祭の今年は、「あきた遺産」という言葉が普及した年として、後世から回顧されるのではないかと思います。

真澄が書いた二百年前の記録は、秋田県のほぼ全域に残っています。しかも、それらにはしばしば詳細な図絵が付きます。そこに書かれているのは日常の人々の暮らしぶりが多いのですが、そこが真澄のすごいところです。私どもは普段なにげなく暮らしている場合、その価値を考えることはありません。「日常を発見する」というのは、実はとても難しいことです。

けれども、東日本大震災が起こって、日常の生活を失うことがどれほどつらく、それを取り戻すのがどれほど大変かをしみじみと知りました。三年半が過ぎましたけれども、それでも遅々として進みません。そんな中で、さりげない暮らしがいかに重要かということを、私どもは改めて感じています。

そのような現代社会との関わりで言うと、真澄が二百年前に書いてくれたさりげない日常生活の価値を発見しなければなりません。なにか事件があって、それを取り上げることは、新聞やテレビの報道を見ても、わかりやすいところがあります。それに対して、どこにでもありそうな日常というのは退屈ですが、実はとても重要なことだと考えて、真澄の価値を再認識する必要があると思うのです。

秋田県人は「おらほの真澄」として愛着を抱いて、「あきた遺産」と呼ぶのですが、この席で何度も言ってきたように、「日本の真澄」にしなければいけない、さらには「世界の真澄」にしなければいけないという目標があります。私が外部から関わる場合、そういう立場でお役に立てればと思っているわけです。

三　真澄のイメージを改革する必要性

この二、三年間は、男鹿半島の皆様や昔話の語り部の方々とご一緒に考える機会が多くありました。この図録の末尾には、今日の講演と同じ「真澄のまなざしを考える」という文章を書かせていただいたのですが、事典の解説ならばともかく、真澄の全体像を出すことは難しいので、苦労しながらどう構成するかを考えました。

真澄の生きた時代は、例えば、十返舎一九《じっぺんしゃいっく》（一七六五～一八三一）の『東海道中膝栗毛』がベストセラーになった時代です。あるいは真澄も見ていましたけれども、名所図会がたくさん刊行されていた時代でした。そういう雰囲気は、真澄の歩き方と決して無関係ではありません。彼は世の中の動向と無縁に東北・北海道を歩いたわけではないと思います。

柳田国男はどちらかというと、真澄について、「孤独な旅人である」というイメージを強調しました。泊めてもらった家の囲炉裏端にぽつんと座って、人々の暮らしを見ているというまなざしです。それは確かにそうかもしれませんが、私はどうも違うのではないかと思いはじめています。

一八世紀から一九世紀にかけて彼が生きた時代は、ロシアの接近もある激動の時代であり、それと呼応するように、日本の文化が内側から成熟してくる時代です。確かに東北や北海道はまだまだ認識されていませんが、その旅が冒険や探険だったかと言えば、たぶんそうではありません。人々と和歌を詠んで心を通わしながら旅している様子も、よく観察されます。そういう時代史の中で真澄を考えてみたいというのが、この文章の提案だったわけです。

その際に、山や里・川・海であるといった秋田の豊かな自然と結びつけて、真澄の世界を切り取れないかと考えました。「里の遺産」「山の遺産」「川の遺産」「湖の遺産」といった切り取り方をしたのは、そうした構想と対応しています。執筆の時期を追うことも配慮しましたが、やはり断片的にならざるをえませんでした。

柳田国男は、菅江真澄がその土地のことを忠実に書いたことを評価しました。しかし、秋田のことを書きながら、信濃や津軽にもあったと書いています。今で言えば、比較研究の考証を書いているのです。それは記録を残すことからすると、余分な考察のように見えます。むしろ、禁欲的に素材を書くだけでいいという考え方もあるでしょう。

けれども、ある出来事に出会ったときに、そこから連想されることを次々と書いてゆくのは、むしろ自由な発想だったはずです。「これはあそこにもあった、ここにもあった」と書くのは、やはり伸びやかな思考であり、しなやかなまなざしだと言ってもいいでしょう。真澄は単なる記録者ではありません。

真澄自身が自分の見たことや聞いたことを普遍化してゆこうとした感性は大切です。彼は純真無垢な旅人であり、無色透明なまなざしで記録を残したとは到底考えられません。やはり、その記録には彼の価値観なり、生き方なりが濃厚に影を落としています。そうした視点から真澄を再評価してみたいと思うのです。

私の文章は、「そうした試みは日本国内に留まるものではない。氷下漁業は北方の文化と関係を持つし、なまはぎは南方の文化と関係を持つにちがいない。世界的に見ても、二百年前の記録がこれだけしっかり残ることの価値は大きい。真澄の遺産は国内はもとより、海外で評価されるべき時代を迎えている」と結びました。そこで今日は、男鹿半島での学びなどを振り返りながら、そこから少し発展させて、今考えていることを大胆に申し上げてみたいと思います。

四　定点観測の場所になる真澄のナマハギ

二週間前には、男鹿市民文化会館で「全国ナマハゲの祭典」が開かれていますので、この中には会場にいらっしゃった方もあろうかと思います。国民文化祭のPRの中にも、国指定の重要無形文化財が一七件あるのは国内の都道府県でも最高であるとあります。つまり、秋田県は民俗文化の中に個性溢れる素材をたくさん持っていることになります。

昭和五三年（一九七八）、国指定の無形民俗文化財に「男鹿のナマハゲ」が指定されました。この歴史について、今は深くたどることはできませんが、菅江真澄のころは「ナマハギ」だと思いますけれども、今は「ナマハゲ」です。今やナマハゲはさまざまな意味で突出し、秋田県を代表する民俗文化になっています。

文化八年（一八一一）の『男鹿の寒風』で真澄が描いた図絵は、何度見ても感心させられます。しかし、同時に、多くの疑問を残すことも確かです。前年の文化七年（一八一〇）、『男鹿の島風』の門前でナマハギのことを聞いて興味を持ち、やがて翌年宮沢で実際に見たナマハギを図絵とともに残したのです。これがナマハゲの最古の記録であり、ナマハゲを考える上で貴重な定点観測の場所になっています。

詞書には、「正月十五日の夜深く、わかき男どもの集り、鬼の仮面、あるはいふ可笑《ヲカシ》とて空吹の面《オモテ》、あるは木の皮に丹ぬりたるをかけて、螻蓑《けらみの》といふものに海菅《うみすげ》てふ艸《くさ》を黒染としてふり乱し、手に小刀を持て、小筥《こばこ》の中に物ありてころ〳〵と鳴るを脇に掛て……」やってきます。主人が折敷《おしき》の上に餅を置いて差し出し、屏風の陰では、奥さんが子供と赤ん坊を抱きしめて隠れていますす（全集第四巻〔916〕『おがのさむかぜ』（8）生身剥）。

さらに詞書を見ますと、「人の家にゆくりなう飛入りてければ」とあり、家屋の中に突然飛び込んでいます。そうすると、「あなおかな、なまはぎの来る」と言って、子供たちは声も立てられずに逃げ回ります。しかし、戸は閉じられていて、ナマハギは座敷に上がっていません。主人は座敷にも上げず、餅だけを与えていますから、非常に質素な形のおもてなしが行われていたのです。その後、酒や膳が座敷に出され、ナマハゲの行事が華美になっていったのではないかと考えられます。村の祭りが都市の祭礼になると、次第にはでになってゆくことが指摘されていますが、ナマハゲにもそうした側面があったことになります。

ここに「小筥の中に物ありてころ〳〵と鳴る」とありますが、小箱の中のものが何だったかは、真澄もわからなかったようです。腰に着けた小箱からころころという音が聞こえるだけでした。昭和一〇年（一九三五）の『遠野物語　増補版』（郷土研究社）に入った「遠野物語拾遺」二七一話の「ナモミタクリ」「ヒカタタクリ」に、「瓢箪の中に小刀を入れてからからと振り鳴らしながら、家々を廻つてあるく者がある」と見えます。小箱ではなく瓢箪ですが、その中に小刀を入れてカラカラと鳴らすというのは、ナマハギと共通しています。

図版13　『男鹿の寒風』の生身剝
（全集第４巻より）

さらに、「ひかたたくり、ひかたたくりと呼ばると、そらナモミタクリが来たと言つて、娘たちに餅を出して詫びごとをさせる。家で大事にされて居る娘などには、時々はこのヒカタタクリにたくられさうな者があるからである」と出てきます。岩手県でも、男鹿と同じような行事が行われていることがわかります。この記述の中で注意されるのは、仮面や螻蓑をつけているという記述がないことです。

戦後、ナマハゲはメディアの中に登場してくるようになり、研究書でも取り上げられます。岡正雄（一八九八〜一九八二）という文化人類学者が昭和三一年（一九五六）に発表した「日本民族文化の形成」の中にナマハゲの写真が載っています（後に『異人その他』に収録）。

提供は民族学博物館です。しかし、これは、昭和三〇年（一九五五）の民俗学研究所編『日本民俗図録』にある、角館の武藤鉄城（一八九六～一九五六）が撮った秋田県南秋田郡脇本村（現男鹿市）のナマハゲの写真と同じです。

また、両者の説明には微妙な違いがあって、岡は、「仮装をして、手に出刃庖丁やトゲのあるタラの木の棒などをもち、正月十五日の夜、村の家々を怪声を発して訪れ、家のなかにあばれ込んで、女や子どもをおどかしたり、しかったりして御馳走を受け餅などをもらって出ていく」と説明しています。どちらかというと恐ろしいものだと強調する書き方です。

それに対して、民俗学研究所の記述では、「小正月に若者たちが仮装して家々を訪れてまわり、祝福の言葉を述べて餅や銭をもらい、或いは酒のもてなしを受ける慣わしがある。多くは子供の遊びになっているが、これをまだ厳粛な儀式と考え、蓑を着ておそろしい鬼の面をかぶり、威圧を加えながら家々をまわるものがある」とあります。ナマハゲの中に子供の遊びと厳粛な儀式とがあり、変化したという認識を持っています。そうした違いはあるにしても、戦後、研究者の中でもナマハゲが大きく持ち出されてきたことがわかります。

五　岩波写真文庫の『男鹿半島』とナマハゲ

私がおもしろいと思って繰り返し見ているものに、岩波書店の岩波写真文庫があります。写真文庫には秋田に関係するものが三冊あって、男鹿半島と八郎潟の氷下漁業を撮った『男

図版14　「おやじ今年は豊年だぞ、万作だぞ、大漁だぞ」
（岩波写真文庫『男鹿半島』より）

鹿半島』、大曲の様子を撮った『村の一年―秋田―』は、昭和三〇年と三一年の海岸部と内陸部を対照的に撮っています。もう一冊は昭和三三年（一九五八）の『秋田県―新風土記―』で、これは秋田県内をくまなく取り上げています。

岩波写真文庫の『男鹿半島』がすごいのは、編集にあたって真澄遊覧記をかなり意識していることです。真澄遊覧記から一五〇年後の今を写真で撮ってやろうという意気込みで作った写真集だと思われます。種本は、昭和二七年（一九五二）の天野源一（一八九二～一九五九）の『新訳真澄翁男鹿遊覧記』（男鹿史志刊行会）でしょう。こうした文献のある男鹿だからできた編集だと言えましょう。

この中にナマハゲが出てきますが、同じような時期なのに、「大晦日の夜」と書かれています。どこで正月一五日から大晦日に変わったのか。たぶん戦争が大きく関係しているのではないかと思いますが、先の研究書とは記述の仕方が違います。おそらく現地を取材した岩波写真文庫の方が実態なのだと思われます。「来る年の豊年を祈り、泣く子、金を使う子、怠け者の嫁をこらしめようと家中あばれて帰るから新嫁の厄日」という説明があります。

見開き二頁に、写真は右上に「お出まし」、右中に「玄関で七五三の足踏み」、右下に「盛装のナマハゲ」があります。左上の写真は、六匹のナマハゲがおもてなしを受け、主人が頭を下げています。その言葉には、「おやじ今年は豊年だぞ、万作だぞ、大漁だぞ」とあります。農業とか漁業の予祝です。「今年は」という言い方からすると、大晦日の夜になっても、小正月の行事だということが強く残っているようです。

もう一つは左下の写真で、「ヒヤミコキ（怠け者）の嫁はいないか、泣く子はいないか」とあり、戒めています。暴れようとするナマハゲを主人が抑えています。左上の写真には、見物人が玄関を開けて後ろから見ている様子が写っていて、多くは子供です。しかし、カメラマンは見えません。そして、右上にあるのは神社に戻ったナマハゲが蓑笠を奉納した写真です。

餅を差し出したという『男鹿の寒風』から、お膳が出されて振る舞われるという『男鹿半島』のナマハゲに大きく変わっていることがわかります。そうした変化はあるけれども、一五〇年もの間ずっとこの行事は継続され、今も五〇を越える集落で行われているわけです。

後でもお話ししますけれども、鹿児島県薩摩川内市の甑島《こしきじま》には、一二月三一日にトシドンがやってきます。トシドンは世界の無形文化遺産になっていますが、今でもあまり公開していません。トシドンは見たい人が来れば公開するけれども、写真は後ろから撮ってはいけないとか、いろいろな制約をつけています。行事を厳粛に維持するための約束が守られながら、甑島のトシドンは行われているのです。

種子島にも飢饉で甑島から移住してきた集落があって、そこでもトシドンを伝えているので、その方からお話を聞きました。一方、「男鹿では一二月三一日だけの行事ではなく、ナマハゲの柴灯祭りが昭和三七年（一九六二）から、観光用に行われている。平成八年（一九九六）からは、男鹿の真山伝承館でナマハゲ体験ができるようになっている。平成一一年（一九九九）には、なまはげ館が出来てナマハゲの情報がわかるようになっている」と話しましたら、継承者は驚いていました。無形文化遺産になったトシドン以上に、ナマハゲは時代に寄り添ってきたことになります。

平成二四年（二〇一二）度に、活性化事業の中で男鹿のナマハゲの冊子がまとめられ、集落ごとの映像も残されました。日本語・英語・中国語・韓国語のパンフレットも作られました。今、男鹿の天野荘平さんたちがナマハゲについての調査を丹念に行っていますが、それは未来につなげてゆく上で非常に重要なことです。

ＮＨＫの放送にあったように、今、ナマハゲは大きな変革期を迎えています。例えば、「お膳をこれだけ用意するのは経済的にも大変だ」という話がありました。あるいは、「ナマハゲの落としていく藁の掃除が大変だ」と言う人もいました。わらしべを子供の頭に巻けば、一年風邪を引かないというおまじないだったわけですが、それは通じなくなっているようです。「集落の少子高齢化が進んでいて大変だ」と言う意見もありました。

一方で、ナマハゲは押しも押されぬ秋田県を代表するキャラクターになっています。観光の場、ポスター、コマーシャルで、ナマハゲを抜きにして秋田県は語れません。話題のふなっしーがゆるキャラだとすると、ナマハゲはこわキャラのような感じです。そうした変化や飛躍があっても、真澄の図絵があるということは、秋田県人の拠り所になっています。

男鹿の皆さんがこの図絵を再現してみようと試みられて、男鹿でも東京でも上演してくださり、そして今、展示の正面でもこの様子が再現されています。過去を考えるときに、観念だけでなく、実体験として考えてみることがやはり重要です。頭の中で考えるだけではなくて、復元してみるというのは、ナマハゲの持っていた身体感覚を取り戻す上でも意味があると思います。

六　ナマハゲと南の文化のつながり

岡正雄は「ナマハゲ」の解説の末尾を、「この習俗は東北地方に多く分布しているが、その変形と考えられるものは広く全国に見られ、沖縄の島々には、いっそう明確な形で存在した」と結んでいます。「来訪神」と呼ぶこともありますが、その原形が沖縄にあり、日本列島に広く伝わっていると見たのです。確かに、各地の海岸地域に顕著に見られます。

関連する写真をいくつか持ってきました。『日本民俗大辞典　上』には、甑島のトシドンが出ています。子供たちが興味深そうにトシドンに見入っている様子が見えます。

「全国ナマハゲの祭典」で見た方もいらっしゃるかと思いますけれども、『日本民俗図録』には大船渡市吉浜のスネカがあります。豚のような鼻音を立てて、短刀で戸を引っかきながら入ってくるので、家々では餅を二切れ与えるそうです。餅を二切れ与えるというのは真澄の図絵と同じです。「今ではたいてい中学生が扮して出かける。仮面は木作りで朱色、眼には銀紙を貼り、馬の毛を植える。狸の皮を頭から襟にかけて巻き、背には犬の皮、前に熊の皮を着、俵を背負っている」とあります。海岸部であるにもかかわらず、馬・狸・犬・熊という動物を使っていて、狩猟的な意味合いが強く出ています。

小野重朗（一九一一～九五）の『奄美民俗文化の研究』から、石垣島のマユンガナシの写真を引きましたが、マユンガナシ以上に有名なのは、石垣島の宮良《みやら》のアカマタとクロマタでしょう。柳田国男は石垣島で実見したわけではありませんが、『海南小記』で、夏の豊年祭という収穫祭にアカマタとクロマタがニライカナイという常世の国からやってくることを書いています。これは、ナマハゲと違って夏の行事です。

これについては、下野敏見の『ヤマト・琉球民俗の比較研究』に載った「来訪神出現の季節」が役に立ちます。男鹿ではかつて小正月、今は大晦日ですが、冬の寒い時期にやって来るのが普通です。ところが、沖縄ではマユンガナシ、アカマタとクロマタ、みな夏の暑い時期にやって来ます。

私も二九年前（一九八五）に石垣島に行ったとき、「今日はアカマタ、クロマタが出る」と言うので、タクシーを飛ばして宮良に見に行きました。真っ暗な中に先払いの人が出てきて、その後に草をつけたアカマタとクロマタが仮面を被って現れます。写真も撮ってはいけないし、録音もしてはいけない。写真や録音をしたら殺されるのではというような感じで、アカマタとクロマタの行事は行われました。それは夏の暑い時期でした。

稲の収穫に関わりますけれども、来訪神の訪れる時期というのは、ヤマト文化圏では冬正月、琉球文化圏では夏正月に分かれます。甑島は鹿児島県にある小さな島ですけれども、両者が交差する地域にあたります。トシドンは大晦日ですから、ヤマト文化圏の時間で動いていることがわかります。

柳田国男は「正月様」「年の神」、折口信夫（一八八七〜一九五三）は「まれびと」と呼び

図版15　ニューブリテン島のズルカ族の秘密結社の仮面仮装人
（岡正雄『異人その他』より）

ましたが、岡正雄の「日本民族文化の形成」という論文を見ると、昭和三〇年代はナマハゲが学問的に意味づけをされた時期と見られます。岡は沖縄を超えて、さらに世界的な視野でナマハゲを考えようとしています。

　ニューブリテン島の仮面仮装人は、男子の秘密結社があって、仮面・仮装をして、「祖霊・死者として村に出現し、女や子どもを威嚇し、畑の成物や食物を奪い、秘密の行事や、踊りを行い、一面村の法的秩序の維持者として、非結社員の非行を戒しめ、成年式を執行することもある」と説明しています。

　少し様子は変わっていますけれども、男の子の行事である、仮面・仮装をする、神であるのか祖霊であるのか死者であるのかというのはありますけれども、村々を訪れて女や子供を威嚇する、そして食べ物を奪ったりおもてなしをうけたりします。実によく似た行事が太平洋の南と北にあることになります。

　それを「母系的秘密結社的栽培民」と呼びました。栽培植物としてはタロイモ文化を考えていたようです。東南アジアで発生し、一方が日本列島へ北上し、一方はパプアニューギニアの方へ南下したのではないかという壮大な仮説を立てました。「全国ナマハゲの祭典」はトシドンまででしたけれども、こういう来訪神の世界はもっと広がりを持つことになります。

岡はドイツで文化人類学を学んだのですが、別に、ヨーロッパにも仮面・仮装の行事があることに触れていいます。いったい世界の中でどうつながっているのかということは、いまだに決着を見ない重要な問題です。そうしたことを考えようとするとき、菅江真澄が二百年前に描いたような図絵は、正確に調べてみたわけではありませんけれども、世界中探してもないでしょう。そういう歴史的な価値は世界で評価されるべきです。

七　氷下漁業と北の文化のつながり

私の中で気になっているのは、秋田が南の文化とどうつながっているのかということです。そこでナマハゲを取り上げましたけれども、一方で、氷下漁業と北の文化ということを考えてみました。文化七年の『氷魚《ひお》の村君《むらぎみ》』の中に、かつて八郎潟で行われていた氷下漁業の様子が出てくることはご存じの通りです。

氷魚を取るため、手力という柄の長い道具を使って、六〜七人で二〜三尺の氷に穴を開ける。氷が硬そうな場合には、まず斧で破って、薄くなったのを見て、手力を下ろして穴を開ける。けれども、それほどたくさん氷が張る年は稀である。今は温暖化の問題もありますけれども、氷の厚さはその年によって違ったのでしょう。それを「凍切《シガキリ》」というのだという説明も出てきます（全集第四巻〈786〉『ひおのむらぎみ』（17））。

かつて男鹿で話をしましたけれども、この岩波写真文庫『男鹿半島』の表紙にある風景は、まさに文化七年正月の『氷魚の村君』の世界が、一五〇〇年後までほとんどそのまま受け継がれてきたことを示します。見開き二頁の右上に、「早朝、凍った湖上を20貫以上のそりを曳いて漁場へ」とあり、七五キロのそりを滑らせて漁場へ行きます。「漁場に到着、岸からは2里余り」とありますので、距離は八キロです。

そして、右側の写真には「氷に穴を掘る」。氷に穴を掘るのは、今回の図録にあった図絵と同じような様子です。「曳網を穴から下す」写真もあります。左側の写真には「たもで氷のかけらを掬う」、「獲物、普通は一網で7貫位」とあり、二六キロくらいの獲物が捕れたのです。左下には「男の風俗」「女の風俗」の写真もあります。

写真集の説明には、「寛政3年、秋田の高桑与四郎が諏訪湖の漁法を伝えたのが、八郎潟氷下漁の始りだという」とあります。今では、寛政三年（一七九一）説と寛政六年（一七九四）説と二つあります。どちらにしても、『氷魚の村君』の記録から二〇年と遡りません。新しい漁法が八郎潟で始まり、それを真澄は描きに行ったのです。

真澄は伝統的なものだけに関心を持っていたわけではなく、時代が大きく変わり、新しい技術が入って来れば、それも記録に残したことがわかります。真澄の描いた漁法の全体図は、

図版16　『氷魚の村君』の魚帒引揚（全集第４巻より）

図版17　曳き網を穴から下す（岩波写真文庫『男鹿半島』より）

実際とまったく同じだということが今回の図録で説明されています。真澄の記録がいかに正確だったかがわかります。

これから我々が調べなければいけないのですが、一つは諏訪湖の漁法を伝えたという点です。『日本民俗図録』に「諏訪湖のヤッカ」が出てきます。これは「湖水の氷結前に、適当な所へ沢山の石を沈めて目じるしをしておく。湖面が結氷するのを待つて、そこの氷を二間四方くらいに切り砕き、その周りにヨシズを張り、ウケを伏せる。すると湖中の魚は氷のないヨシズのかげへわれ勝ちにあつまる。これを片端から大長柄の手網ですくいあげるのである。最後にはヨシズを巻いて根こそぎ取つてしまう。エビ・公魚《わかさぎ》・ムロなどの小魚がとれる」とあり、ヨシズを張って漁をする写真があります。

ヤッカという漁法は、それだけを取り上げ

れば、八郎潟の漁法よりはむしろ大曲の漁法に近いものです。『村の一年―秋田―』の中に、「シガ追い」が出てきます。毎年一月に池の氷に穴を開けて、そこに網をかけて魚を取るという原始的な漁法がこれです。諏訪湖のヤッカと大曲のシガ追いは非常に似た形で行われています。一方で、氷下漁業で網を使ったものが、どのように行われているのか、丁寧に調べていかなければいけません。

実はある本を読んでいて、驚いたことがあったのです。文化人類学者の原ひろ子の『極北のインディアン』は、カナダの北極圏に入ったところに暮らすヘヤー・インディアンという狩猟民の民族誌を書きに行ったときの文章です。

その中にぽつんと図があったのです。何の説明もないままに①②③という図があって、①は穴を開けて、また木で綱を通し、aからbに向かって順につなぐ。②はaからbに向かって網を通す。③は氷の下の網にうきと重しを付ける。説明には、「氷のはった湖で、インディアンたちは①②③の順序で網をしかけて魚をとる」とあります。

八郎潟の漁法の方が遥かに大規模で精巧ですけれども、実はベーリング海峡を隔てて、こういう漁業とつながっているのではないかと思うのです。諏訪湖から学んだというだけでは済まないはずです。氷結する世界で漁業する場合、こういったかたちでの氷下漁業が行われるのは自然です。カナダと八郎潟の漁法がどこかでつながっているということを考えてみなければいけないと思います。

ところが戦後、食糧の自給増産という中で、日本第二位の面積だった八郎潟は昭和三二年（一九五七）以降干拓が進み、今は八割が埋められ、大規模農業が行われています。真澄が描いた風景も岩波写真文庫の風景も、今では失われてしまいました。でも、真澄が残した世界が現代に問いかける意味合いは小さくないと思います。この五〇年の間にこういった漁業を失い、何を手に入れたのかということを考えてみなければなりません。

男鹿が中心になりましたけれども、ナマハゲと氷下漁業を置いてみると、この秋田県が南からの文化と北からの文化とつながっていることが想像されます。つまり、真澄を読む上でも秋田県を考える上でも、秋田県のことだけでは済まなくなっているということに気がつき

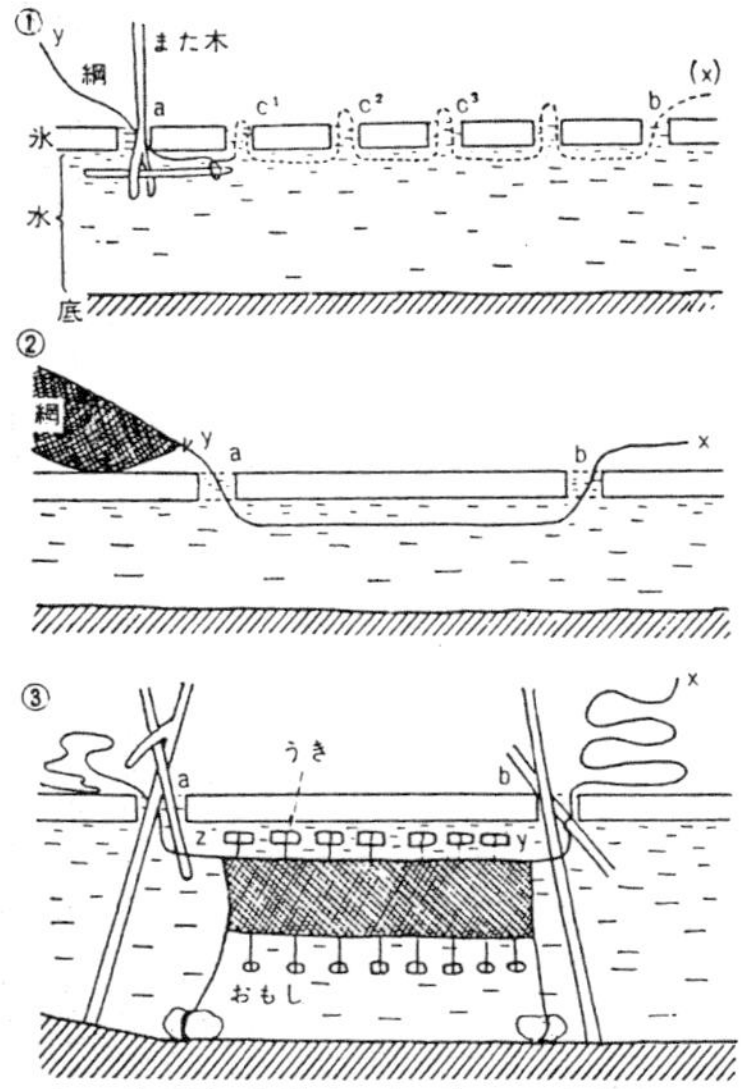

氷のはった湖で、インディアンたちは
①②③の順序で網をしかけて魚をとる

図版18　原ひろ子『極北のインディアン』より

ます。私はそうしたことに深い関心を持っています。

八　『百臼之図』が見た臼をめぐる世界

真澄のまなざしを考えるとき、かねてから気になっているのが『百臼之図《ももうすのかた》』です。これは臼の図絵を集めたコレクションです。真澄の著作には、例えば『ひなの一《ひと》ふし』で民謡を集め、『さくらがり』では桜の名所を集めるように、テーマ別の編集をしたものがあります。その一つに、『百臼之図』があって、文化五年（一八〇八）にまとめています。

書名は「百臼」と命名していますが、実際には八七図あります。名古屋のある家で、砕いた臼をお香に焚いているのを見て、それから臼のことに関心を持ち、臼の姿を絵に描くようになったと序文に書いています。「吾れは世の臼狂ひ」と述べますから、彼が臼に寄せた関心は並大抵のものではなかったはずです。

図録でも取り上げられていますけれども、「むらさきうす」（紫臼）が出てきます。鹿角郡の紫根染《しこんぞ》めに使う、ニホンムラサキの根を搗く臼を描いています。全集第九巻（以下同じ）〔247〕『百臼之図（異文一）』（8）では女三人が竪杵を使って臼を搗く様子が描かれています。献納本の〔176〕『百臼之図』（25）では臼を描くだけで、竪杵も人物も描かれていません。

異文との関係で言えば、『菅江真澄全集』では、献納本が元になっていて、それを改めて編集して異文一ができたと考えています。しかし、今回の図録ではそうではなく、異文一を元にして、献納本は人を省いたという立場を取っています。菅江真澄は風景や品物を描いたが、人物は得意ではなかったと言われ、ほとんど描かれていません。ところが、『百臼之図』の異文一の中には人物がたくさん出てきます。そこには臼を搗くときの歌があり、それは盆踊節から転用したもので、『ひなの一ふし』の冒頭にある臼歌の世界につながります。

『百臼之図』の最初にある〔152〕『百臼之図』（1）には、巨木が二本描かれ、中央に滝が流れています。序文には、臼作りの翁が「臼の良材は谷の水のそばに生えた木だ」と言ったとあり、その木を描いたのです。ところが、〔242〕『百臼之図（異文二）』（3）では、木は遠景に退き、臼作りの翁と臼とその道具に重点が置かれています。どちらが先かはともかく、主題が違うことになります。

この『百臼之図』には、「ふぢうす」（富士臼）〔164〕『百臼之図』（13）・〔243〕『百臼之図（異文二）』（4）があります。徳川家康の東照宮が祀られている駿河国久能山辺りの家にあった臼は、富士山の姿をしている。そこで、「駿河国だから、この臼の名前を富士と言ったらどうか」と真澄が言うと、臼の持ち主が「実にすばらしいことだ」と言って喜んだという話が出てきます。

ということは、臼の形から「ふぢうす」と命名したのは真澄だということになります。その土地との深い因縁、駿河国であれば富士山と結びつけることによって、臼に一つの価値を与えるのです。それによってただの臼ではなくなったのだと思います。真澄がこうして臼に

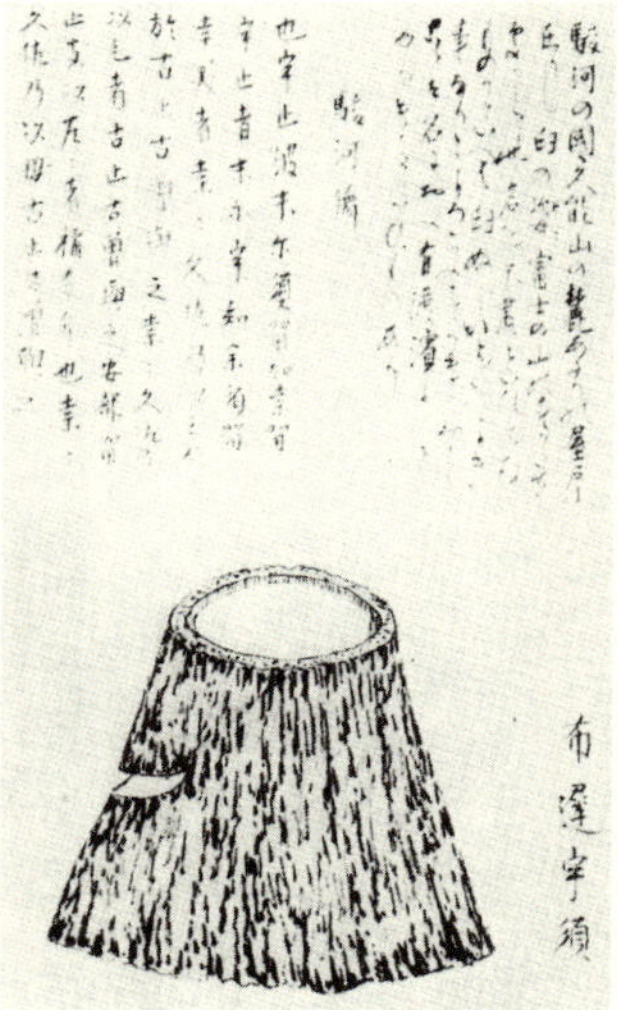

図版19（右上）　むらさきうす　図版20（左上）　臼作りの翁
図版21（右下）　ふぢうす　図版22（左下）　ばけものうす
（『百臼之図（異文一）』全集第９巻より）

名前を与えていることは重要です。

もっとおもしろいのは、北海道の江差《えさし》に近い上《かみ》ノ国《くに》にあった「ばけうす」（化け臼）〔228〕『百臼之図』（77）・〔259〕『百臼之図（異文一）』（20）です。真澄は、「化物臼」とも「化臼」とも呼ばれる臼があるという噂を聞いて、わざわざ見物に行きました。世に稀な臼と聞けば、「世の臼狂ひ」を自称する真澄はぜひとも見たいと思ったのでしょう。それは大きな槻《つき》の木の臼で、苫屋《とまや》の片庇《かたびさし》が欠けたところに置かれていて、木の節が鼻や目や口のように見えました。誰が言うともなく「ばけうす」という名前になったそうですから、この場合、すでに臼は命名されていました。

傍にいた級衣《アッシ》を着た男が、「口《バル》あり、眼《シキ》あり、鼻耳《イトキシャラ》まである臼にて、世に又なき臼にて」と言い、その「蝦夷辞《えぞことば》の戯《たはむれ》もおかし」としています。アッシというのはアイヌが着る上着です。アイヌがこの臼についてアイヌ語で説明したというのは、アイヌが臼の命名に関わったものと想像されます。

秋田県の臼はあまりありませんが、例えば八郎潟の畔には、〔208〕『百臼之図』（57）の「埋臼」があります。これは土中に埋めた臼です。臼を搗くと近所の家まで響きわたるので、それを嫌って、家の陰に臼を半分埋めて搗くと、響く音が小さくなっていいというのです。これが八郎潟の周辺の臼の使い方だったことがわかります。

九　生命体としての臼を見るまなざし

『百臼之図』の序文には、名古屋で砕いた臼をお香に焚くのを見た話が出てきましたが、〈229〉『百臼之図』（78）の「をひうす」（老い臼）も見えます。これは北海道の久度布《くどふ》ですから、江差よりも北ですけれども、そこにあった臼です。そこに行って、真澄が「ずいぶん古びた臼だ」と言うと、刀自がさし覗いて、「私の年齢は八〇歳に近い。私が若かった時にはこの臼も立派だったけれど、今は年寄りになったので、捨てられそうになっている」と言いました。

八〇歳に近いおばあさんが、臼が年老いるのと人間が年老いるのを重ねて見ているのです。臼の寿命というのがどのくらいあるのかわかりませんが、ここには八〇年と出てきます。刀自は「この世に年齢ほど憎らしいものはない。年寄り神が憑くと知っていたら、どこへでも行って隠れよう」と言い添えます。一種の諧謔です。

この言葉を聞いて、真澄は一首の歌を思い浮かべます。「老いらくの来んとしりせば門さしてなしとこたへて会はざらましを」。これは『古今和歌集』巻第一七の歌です。老いを擬人化して、老いが近づいてくると知っていたら、門を閉ざして、留守だと言って会わないでいただろうに、という意味です。「七のをきなのうたのこころばへにひとし」とありますが、『古今和歌集』では三人の翁が詠んだ歌の一首としています。

真澄はおばあさんの言葉から、「屠所里臼《としょりうす》とやいはむ、乎比《をひ》うすとやせん」としています。おばあさんの会話から、この臼を「年寄り臼《としょうす》」と言おうか、「老ひ臼」としようか、と悩んでいます。駿河国で「ふぢうす」（富士臼）と名付けたように、ここでもまた「年寄り臼」とか、「老ひ臼」とか命名しようとしたのです。

ここに出てくるのは、臼の老いという問題です。臼にも寿命があって、八〇年くらいで老いを迎える。そうすると、『百臼之図』にははっと気が付くような臼の話が〔214〕『百臼之図』（63）にあります。「飽田《あきた》の雄鹿北畠の洋《うみ》に水島といふあり」と始まる臼の話です。真澄が水島に渡ったことは、『男鹿の鈴風』に出てきます。えぐり船に乗って水島に行くと、人々が海藻やアワビ・サザエを採っていました。

『百臼之図』の一節に、「かの長田王の神さびをるかと聞えし」とあるのは、『万葉集』巻第三の「聞くが如《ごと》まこと貴く奇《くす》しくも神さび居《を》るかこれの水島」を指します。現在の『万葉集』の研究では、題詞に「筑紫」とあるので、この水島は熊本県の地名と考えられています。しかし、真澄は「筑紫にもおなじ名のあり」とし、秋田から九州を考えています。

水島を見に行ったところ、壊れた臼の木が一片、荒波で打ち寄せられていました。『百臼之図』には、壊れた臼のかけらが描かれています。「葦北の野坂のうらにふなでして水島にゆかん浪たつなゆめ」とあるのは、やはり『万葉集』巻第三の長田王の歌です。真澄は水島という地名から『万葉集』の歌を思い出しました。今では歌枕は一つの土地に限定しようとしますが、真澄は地名が同じであれば、自由に連想を広げたのです。

水島に対する連想と同時に、ここに砕けた臼が波に打ち寄せられているのを発見したことが重要です。これは臼の老いではなく、もう一歩先、臼の死であると言っていいでしょう。臼が寿命を終えて、捨てられて流れ着いたのでしょう。『百臼之図』の冒頭が臼作りを描いたのとは対照的です。

「世の臼狂ひ」を自称した真澄は、時に臼に名前をつけたり、時に評判の臼を見に行ったりしましたが、さらに臼の老いというものを見つめたり、寿命を終えた臼の最期を見届けたりもしています。臼というのは単なるものではなく、真澄が臼を見るまなざしはものすごく優しいと思います。真澄にとって臼は一つの生命体だったのでしょう。

一〇 『日本民俗図録』との一致と差異

やや脇道にそれますが、柳田国男は菅江真澄のことを「民俗学の恩人」と讃えて、彼の功績を日本中に知らしめました。民俗学研究所編『日本民俗図録』には「食物調整(2)」の分類があって、そこで臼を取り上げています。臼は食物調整の道具として位置づけられていることがわかります。

柳田はどちらかというと、ものよりは言葉に重きを置き、民俗語彙や習俗語彙といった言葉を集めることに大きな関心を寄せました。しかし、この『日本民俗図録』では、多くの同志から寄せられた写真を分類体系化して解説しています。

例えば、鹿児島県の「173　竪杵(1)」の写真は鹿児島県大島郡ですから、奄美大島でしょうか。女性が竪杵で何か搗く様子を撮っています。解説には、「杵には竪杵と横杵とがあるが、前者の方が古い。竪杵は大体女性の労働によつたが、横杵になると男の労力を必要とするようになつた」とあります。「むらさきうす」（紫臼）の（異文一）（8）を思い出しても、よく納得されます。

しかし、現実には、島根県簸川《ひかわ》郡の「174　竪杵(2)」では男性が竪杵を使ったり、鹿児島県宝島の「175　横杵」では女性が横杵を使ったりしています。これは後の変化だということになりますが、解説どおりぴったり分けられるわけではなかったのです。けれども、ここでは食べるものを調整するための道具としての臼を写真で示そうとしています。

渋沢敬三（一八九六〜一九六三）はこういったものを「民具」という名で呼びました。先程の打ち寄せられた臼ではありませんが、民具というのは使われなくなれば捨てられます。寿命が来て捨てられる場合だけでなく、新しい技術が入ってきたために、古いものが捨てられることもあります。そういった民具がどこへ行くのかというと、博物館が一つの行き先になったのです。

ところが、柳田国男は「民具」という言葉をどうも使わなかったようです。嫌っていたと思います。この『日本民俗図録』の中にも「民具」という言葉は出てきません。ものそのものではなく、食物を作るための手立てとして臼を位置づけるのも、そうしたことと関係します。

『日本民俗図録』にはさまざまな臼が出てきます。岩手県九戸《くのへ》郡山形村（現久慈市）の「クビリウス」（「177　臼(2)」）と鹿児島県川辺《かわなべ》郡西南方村（現南さつま市）の「クビレ臼」（「178　臼(3)」）が見えます。どちらも中程が細く狭まった臼ですので、北と南で離れていても、同じように呼ばれたのでしょう。しかし、これらは固有名詞ではなく、民俗語彙と言っていいでしょう。

　こうして見ると、ある特徴的なことがわかります。一五〇年も前に作った『百臼之図』の臼は、『日本民俗図録』の臼と連続しています。真澄はすでに臼の民俗図録のようなものを作っているのです。確かに写真は事実そのままを切り取りますが、真澄の図絵では、それを十分に理解した上で描いている点が違います。

　しかも、真澄は、今で言えば、カラーで描いているわけです。実は、写真よりも図絵の方がはるかに道具の性格を正確に捉え、伝えることができます。現在はそういうことはしませんけれども、柳田国男は自分の本には写真を使わず、だいたいスケッチを使っています。スケッチの方がリアルに意図を伝えられると考えていたからです。

　写真を超えるような『百臼之図』の精巧さに注目するべきでしょう。そして、先程も言ったように、それに名前を与えています。「化物臼」と言えば、その臼は一つしかない固有名詞の臼になるわけです。ところが、『日本民俗図録』にある臼には「クビリウス」や「クビレ臼」といった民俗語彙は見えますが、それは普通名詞です。そのあたりにも、臼に関する真澄と柳田の関心の違いが見えるようです。

一一　真澄遊覧記が描いたジオパーク

私が男鹿の皆さんと学んだことのもう一つに、景観の問題があります。永井登志樹さんが『真澄研究』第一七号の「菅江真澄と秋田のジオパーク」にまとめられていますが、これはまったく新しい真澄の読み方でした。「大地の公園」と訳されるジオパークから真澄を再評価するものです。

二一世紀になって、「世界ジオパーク」「日本ジオパーク」の認定が始まりました。「文化的景観」など一連の景観に対する関心と連動して生まれたと思いますが、地球科学的に見て重要な自然景観を一つの公園として認めようという動きです。自然の保全や教育・観光と関わりながら各地で盛んになっています。

今、世界ジオパークに日本の七件が認定されていますが、日本ジオパークに認定された二一件の一つが、この男鹿半島と大潟になるわけです。平成二二年（二〇一〇）に日本ジオパークに認定されています。今日も男鹿半島では「大地に学ぼう　ジオパークの祭典」が行われていますので、この講演とどちらへ行くか迷った方がいるかもしれません。

私にとって大きな驚きだったのは、真澄は人物をあまり描かず、遊覧記の中に出てくる多くの図絵は風景です。さりげない風景が次々に出てきますので、その量に圧倒されてしまい、それらをどのように見たらいいのかということを思い悩んできたわけです。そうしたときに、ジオパークの視点が出てきて、それまで何気なく見てきたものががらりと変わりました。

真澄が描いた自然の景観をどのように見たらいいでしょうか。二百年前と比べて自然はあまり変わりませんから、今も同じだとか、あるいはこれまで海岸線だったところが埋め立てられているとか、そういったことに気がつきます。さらにジオパークに学べば、真澄は人間が大自然の中で暮らしていることを描いたのだとわかります。人間と自然が呼吸し合いながら暮らしているという感覚があったと思います

男鹿で議論したことの一つに、観光の問題がありました。『男鹿の島風』の中に、全集第四巻（以下同）〔891〕『おがのしまかぜ』（14）「大産橋」（大桟橋）が出てきます。加茂《かも》青砂《あおさ》の方から帆掛船が差し込む様子が中央に出てきます。河崎船という小舟に乗って、帆筵を掛けながら大桟橋の中へ入るのです。私はまだ乗ったことはありませんが、今でも遊覧船はそのように入るということですから、二百年前にジオパーク観光をしていたことになります。

秋田県観光連盟企画の『菅江真澄と行く男鹿半島』というガイドマップの中で、永井さんが「江戸時代のころ、男鹿はすでに行楽の観光地だったんですね」と書いています。今日、最初にお話ししましたように、弥次さん喜多さんが東海道を旅していた時代ですから、男鹿

の島巡りが行われ、船に乗って楽しむ人たちがいても不思議ではありません。『男鹿の島風』の表紙にも「島巡り」とはっきり書かれていたのではないかという提案に、私は大賛成です。男鹿は観光地化されていますす。

岩波写真文庫の『男鹿半島』にも、「島めぐりの遊覧船」が出てきます。見開き二頁に、時計と反対回りに写真が並んでいて、「帆掛島」「竜ガ島」「御幣岩」といった名前がついています。命名がおもしろいのですけれども、現代の子供たちは「御幣」という言葉がもうわかりません。せいぜい「御幣餅」で知っているくらいでしょう。今、景観で言うと、「ゴジラ岩」と夕日が沈む写真を目にします。ゴジラだとぐっと身近です。そのようにして、岩の名前も新たにつけられたり、変えられたりしてゆくのでしょう。

真澄の『男鹿の秋風』には、〔595〕『おがのあきかぜ』(19)「椿の浦」・〔596〕『おがのあきかぜ』(20)「まゆたけの形の岩」の図絵があります。「椿の白岩」は岩波写真文庫にも出てきます。明らかに、岩波写真文庫は一五〇年後の真澄遊覧記を撮るという志を持っていたのではないかと思います。館山崎《たてやまざき》のグリーンタフは、そこが発祥地になっています。私も見ましたけれども、本当に緑の美しい岩で、今も遊覧記と比べて見ることができます。

私もこの二年間、すごく気にしながら、日本各地のジオパークを見てきました。しかし、各地のジオパークを見ても、二百年前の景観の図絵を持っているところはありません。そうしたことを、これから世界ジオパークを目指すときにも、上手に使ったらいいのではないか

図版23（上）　大産橋（『男鹿の島風』全集第４巻より）、
図版24（右下）まゆたけの形の岩（『男鹿の秋風』全集第４巻より）、
図版25（左下）椿の白岩（岩波写真文庫『男鹿半島』より）

と思います。

そのように考えてくると、私たちは真澄の描いた風景をまだ読み取れていないのではないかと思わずにいられません。温暖化問題や環境問題など現代の課題を考える上で、多くの図絵が役に立つのではないかと思います。真澄が残した風景の意味は、これからも再発見されるでしょう。

一二　二百年祭に向けて考える

この二〇年ほど菅江真澄と関わってきて気がつくことの一つに、「菅江真澄の道」の標柱があります。昨日、角館神明社に行って、菅江真澄終焉の地の碑を見てきました。昭和三年（一九二八）の百年祭の時に建てられた碑です。そこにも、「菅江真澄の道」の標柱が建てられています。秋田県内の各地に二百年前の記録とゆかりの場所があるというのは、まさに「生きた遺産」です。

残念ながら、八郎潟の氷下漁業は失われてしまいましたけれども、変わりにくい自然は今もなおそのまま残されています。この二〇年の間に、秋田県内の各地の真澄に関心を持つ方々がいて、現代語訳がずいぶん出されています。最近も真澄のお墓のある寺内から出されました。そういうものが地域の歴史を今に蘇らせる上で重要です。

今一番大きな課題は、若い人たちに真澄遺産の価値をどう伝えてゆくかということです。

特別展の図録には、「語り継ぐ真澄」として、小学校低学年でも理解できる紙芝居が三つ挙がっています。平鹿《ひらか》・仙北・雄勝《おがち》ですが、子供たちが親しみを感じる紙芝居を使いながら真澄を理解してもらうことが大事です。日本一の教育力を誇る秋田県ですから、県内の小学校と連携を取りながら、その価値を子供たちに伝えてゆくことができるでしょう。

私は今、五六歳になりましたけれども、菅江真澄は文政一二年（一八二九）に七六歳で亡くなりました。そこで柳田国男は声を上げて、「昭和三年に百年祭をやろう」と言ったのです。二百年祭は二〇二八年です。まだ遠いですが、二百年祭に向けてどう考えたらいいのか、二つの提案をしたいと思います。

一つはやはり情報化です。子供たちも含めて、ＰＣやスマートフォンがこれだけ普及しています。今回の展示では自筆本が公開されましたけれども、本文や図絵のデジタル化をどう進めるか。全集の索引は制作中ということですが、パッと引ける菅江真澄の世界をどのように構築してゆくかは、やはりやらなければいけない課題です。

しかし、困難が予想されます。例えば、「臼」というキーワードで引こうとすると、「臼」という漢字だけではなくて、『百臼之図』にはいろいろな文字遣いの「うす」が出てくるからです。「データ化したから使えますよ」というわけにはいきません。つまり使い方のマニュアル作りが必要です。

もう一つ提案するのが、国際化です。先ほどナマハゲの英訳・中国語訳・韓国語訳が出たというお話をしました。乳頭温泉から角館を回ってきましたけれども、外国人観光客がとても多くいました。外国人観光客は一千万人を超え、二〇二〇年の東京オリンピックでは二千万人を目指しています。その動きは東京だけでは済まないと思います。しかし、翻訳がないと、世界で真澄を考えてもらう環境はできません。「日本の真澄」を「世界の真澄」にするには、やはり翻訳が必要です。

これと連動する提案は、博物館の館長さんにも深くお願いするところですけれども、例えば、平成二三年（二〇一一）、九州の筑豊の炭坑を描いた山本作兵衛の七百点の炭坑画が世界の記憶遺産に登録されました。世界的に見ると、例えばベートーベンの第九の自筆楽譜などが記憶遺産に登録されています。私は山本作兵衛がいけるなら、菅江真澄も当然いけるのではないかと思っています。

今回、自筆本が全面公開された中で、これからぜひ秋田県で考えていただきたいのは、これを世界に広めるための翻訳、そして、世界の記憶遺産への登録を目指すことです。これができたならば、ずいぶん状況が変わるのではないかと思います。菅江真澄のまなざしの中にはそれだけの価値があり、それこそが「あきた遺産」です。「あきた遺産」を日本に、さらに世界に発信してゆく、それを二〇二八年の二百年祭へ向けた目標にしてみることは、決して無理なことではないと思うのです。

（二〇一四年一〇月一一日、秋田県立博物館講堂にて講演）

参考文献

・秋田県観光連盟企画『菅江真澄と行く男鹿半島――ビューポイント10』秋田県観光連盟、二〇一二年。
・秋田県立博物館編『菅江真澄、旅のまなざし』秋田県立博物館、二〇一四年。
・天野源一『新訳真澄翁男鹿遊覧記』男鹿史志刊行会、一九五二年。
・岩波書店編集部編『男鹿半島』岩波書店、一九五五年。
・岩波書店編集部編『村の一年―秋田―』岩波書店、一九五六年。
・岩波書店編集部編『秋田県―新風土記―』岩波書店、一九五八年。
・内田武志・宮本常一編『菅江真澄全集』未来社、一九七一～八一年。
・岡正雄『異人その他』言叢社、一九七九年。
・小野重朗『奄美民俗文化の研究』法政大学出版局、一九八二年。
・下野敏見『ヤマト・琉球民俗の比較研究』法政大学出版局、一九八九年。
・原ひろ子『極北のインディアン』中公文庫、一九八九年。初出は一九六五年。
・福田アジオほか編『日本民俗大辞典』吉川弘文館、一九九九～二〇〇〇年。
・柳田国男『海南小記』大岡山書店、一九二五年。
・柳田国男『遠野物語　増補版』郷土研究社、一九三五年。
・柳田国男監修、民俗学研究所編『日本民俗図録』朝日新聞社、一九五五年。

Ⅶ　菅江真澄を世界の遺産に

菅江真澄を「おらほの真澄」に留めるのではなく、「日本の真澄」にし、さらには「世界の真澄」を目指したいということは、これまでさまざまな機会にお話ししてきました。そうした展望を、実際どのように実現してゆくことができるのでしょうか。

幸い、今年（二〇一四）の一〇月には秋田県立博物館で「真澄のまなざしを考える」、一一月には韓国の木浦《モッポ》で開催された比較民俗学会で「無形文化遺産と昔話」の講演を行い、世界の遺産として菅江真澄を発信してゆく可能性についてお話しすることができました。

一方、二〇二〇年には東京オリンピック・パラリンピックの開催が決まり、外国人観光客二千万人を目指すというプランも出ています。秋田県もそうした国際化の動きと無縁ではありません。この秋久しぶりに訪れた角館には、外国人の姿が目立つほどでした。

世界の遺産と言うと、すぐに思い浮かべるのは、白神山地などの自然遺産や、原爆ドームなどの文化遺産といった世界遺産でしょう。しかし、ここで取り上げるのはそれではなく、ユネスコが別に選定する無形文化遺産及び記憶遺産のことです。

ちょうどよい機会ですから、世界の遺産として、菅江真澄はどのような価値を持つと考えられるのかを述べてみたいと思います。そして、さらに踏み込んで申し上げるならば、近い将来、秋田県から菅江真澄の残した記録をもとにして、世界の遺産への登録を目指してみてはどうかという提案を含むことになります。

*

第一に考えている無形文化遺産は、二〇〇三年に発効した無形遺産保護条約に基づいて、各国の芸能や祭礼、伝統技術等を登録し、保護するもので、二〇一三年までに二八一件が登録されています。無形文化遺産の場合は、アジアを中心に登録が進んできたこともあり、日本の二二件の登録は、中国に次いで第二位となります。ご存じのように、秋田県では、二〇〇九年に大日堂舞楽が登録されています。

無形文化遺産には、能や歌舞伎といった伝統芸能をはじめ、京都祇園祭りの山鉾行事や那智の田楽などの祭礼に加えて、二〇一三年に「和食　日本人の伝統的な食文化」が登録されたことが耳新しいことでしょう。これは特定地域の郷土料理に限定するものではなく、「和食」という広い概念で日本の伝統的な食文化を発信しようとするものです。

今年は、「和紙　日本の手漉和紙技術」が登録されました。二〇〇九年に島根県の「石州半紙」が登録されましたが、今回は「和紙」という名称に変えて拡大登録されたのです。それによって、新たに埼玉県の「細川紙」と岐阜県の「美濃紙」が加わりました。従って、「和紙」が登録されたとは言っても、今回は登録件数が増えたわけではありません。

こうした動きを鑑みるとき、すでに登録されている無形文化遺産の名称を変えて拡張登録する可能性が探れることになります。そうしたときに思い浮かぶのは、二〇〇九年に登録された鹿児島県の「甑島のトシドン」ではないでしょうか。今回の秋田国民文化祭でも取り上げられて話題になったように、トシドンは「男鹿のナマハゲ」とよく似た行事で、一二月三一日の夜に来訪神が家々を訪れるものです。

民俗学では、トシドンとナマハゲが無関係ではないことは早くから指摘されています。東日本大震災の被災地である「大船渡のスネカ」なども、同じ仲間の行事です。さまざまな地域と連携を図って、「日本の来訪神」のような名称で括って、無形文化遺産の拡大登録を目指してはどうでしょう。

すでに国指定重要無形民俗文化財に指定されている「男鹿のナマハゲ」の場合、今も五〇ヶ所を超える集落で、この行事が継続されています。そればかりでなく、菅江真澄は一八一一年の『男鹿の寒風』の中に、小正月に宮沢集落で実見したナマハゲを絵画とともに書き残しています。この行事の歴史を知る上でまことに貴重な記録であり、世界的に見ても例のないことだと思われます。

それに加えて、今は「男鹿真山伝承館」でナマハゲ行事をいつでも体感することができ、「ナマハゲ館」では約六〇地区のナマハゲの面や衣装が展示されています。二〇一一年度の文化庁文化遺産を活かした観光振興・地域活性化事業では、各集落のナマハゲ行事が映像に記録され、日本語・英語・韓国語・中国語のパンフレットも作られました。もう登録へ向かう準備は整ってきたと言っていいでしょう。

*

第二に提案したいと考えている記憶遺産は、一九九二年にユネスコが始めた事業で、後世に伝える価値がある世界各国の文書・書物・楽譜・絵画などを登録・保護し、公開することを目的にしたものです。フランスの「人権宣言」、ドイツの「ゲーテの直筆文学作品、日記、手紙等」、デンマークの「アンデルセン・コレクション」、韓国の「海印寺大蔵経板」など、二〇一四年までに三〇一件が登録されています。

日本では記憶遺産に対する対応が遅れていましたが、二〇〇九年にイギリスの「マグナ・カルタ」とオランダの「アンネの日記」が登録されたことが契機になって、関心が高まりました。その結果、二〇一一年、福岡県田川市と福岡県立大学が推薦した「山本作兵衛炭坑記録画・記録文書」が初めて登録されました。二〇一三年には、日本政府が推薦した「御堂関白記」及び「慶長遺欧使節関連資料」（これはスペインとの共同推薦）が登録されて、現在は三件になっています。

山本作兵衛は筑豊の炭坑で働いた自らの経験をもとに臨場感溢れる絵画を描き、他の追随を許さないところがあり、貴重な価値を持ちます。それと菅江真澄の残した詳細な絵画を並べてみても、決して見劣りがするところはないはずです。しかも、作兵衛は一八九二年に生まれ、一九八四年に亡くなっていますので、真澄のほうが遥かに古い時代の記録だということになります。

真澄は自らが経験者というわけではなく、観察者の立場でしたが、誇張もせず、客観的に描いたところに大きな価値があります。ナマハゲは二百年の時を超えて今も受け継がれている行事ですが、八郎潟の氷下漁業のように、今は途絶えてしまった生業もあります。最近の研究で認識を新たにしたのは、真澄の描いた奇岩などがそのままジオパークの理解に役立つという指摘でしょう。真澄の場合、さりげない日常の風景を描いていますので、なかなか評価されにくいことがあるかもしれませんが、それこそが重要であると考えねばなりません。

思えば、真澄の記録はよく保存されてきたと言えましょう。「真澄遊覧記」八九冊は一九九一年に国の重要文化財に指定され、その価値は広く認められるところとなっています。もちろん、記憶遺産の登録に向けては、所蔵者の意向が第一に尊重されなければなりません。さらには、その他の自筆本をどうするのかということも話題になるでしょう。そうした乗り越えなければならない課題があるにしても、真澄の価値を世界水準に高めてゆくという点では、多くのご賛同を得て進められる事業なのではないかと思います。

*

世界遺産は、自然遺産にしても文化遺産にしても、各国のナショナリズムを大いに刺激するところがあります。記憶遺産と無形文化遺産も国単位で登録されることが多く、そこに少なからぬ競争原理が働いていることは否定できません。その背景には、単なる国の誇りという以上に、経済効果、具体的には国際市場における観光振興に期待するところが大きいという現実があります。

しかし、すでに述べた記憶遺産の「慶長遣欧使節関連資料」は、資料の性格もあって、スペインとの共同推薦で実現しました。無形文化遺産の中には、「鷹狩」のように、代表一覧表に一三ヶ国が登録されている場合もあります。そうした意味では、ナショナリズムを刺激するのではなく、人類が後世に伝えるべき遺産を共同で保護してゆこうという動きが生まれていると言えましょう。

もちろん、事はそう単純ではありません。記憶遺産の登録を政治的な手段として利用しようという動きも見られます。無形文化遺産の登録をめぐって、国家間の摩擦が生まれている場合もあります。こうした登録が新たな問題を引き起こす要因になりかねないという点では、予断を許さないことも事実です。しかし、菅江真澄の場合はそうした状況から最も遠いところにあり、国内の賛同を得ながら世界に押し出してゆくことに躊躇する点はありません。

一方、過疎化や少子高齢化がナマハゲ行事の継承を困難にしていることがあります。菅江真澄の価値が若い世代にうまく伝わっていないというジレンマもあるでしょう。しかし、ナマハゲ行事には「おもてなし」の原形が見られますし、真澄の記録には大切にしなければならない風景や生活が描かれています。そうした価値が世界で認められれば、秋田県民の意識にも大きな影響を与えることになるでしょう。事大主義に陥ってはいけませんが、菅江真澄を世界の遺産にというコンセプトは、これから取り組むべき大切な事業になるのではないかと考えられます。

参考文献

・石井正己「無形文化遺産とアジア」『毎日新聞』二〇一五年三月三日夕刊。
・石井正己「無形文化遺産と昔話」研究代表者・石井正己『平成26年度広域科学教科教育学研究経費報告書　国際化時代を視野に入れた文化と教育に関する総合的研究』東京学芸大学、二〇一五年。

Ⅷ　日本のナマハゲ、世界のナマハゲ

今やナマハゲは、観光写真やテレビコマーシャルなど至るところに登場しています。秋田を代表する文化資源であり、日本中の老若男女でナマハゲを知らない者はいません。ナマハゲは、もはやコントロールができないほどの一人歩きを始めていると言っていいでしょう。ナマハゲの聖地・男鹿半島では、今も民間神事としての性格を維持しているだけに、少なからぬとまどいを感じているのではないかと思います。

すでによく知られるように、ナマハゲの最初の記録者は菅江真澄（一七五四〜一八二九）であり、文化七年（一八一〇）の『男鹿の島風』と翌年（一八一一）の『男鹿の寒風』に記述が見られます。『男鹿の島風』は伝聞だったようですが、『男鹿の寒風』は小正月にあたる旧正月一五日、真澄が目の当たりにした宮沢集落の行事が絵画とともに記録されていて、貴重です。一集落の事例にすぎませんが、定点観測の記録としての意義は大きいと言えます。

それ以来、ナマハゲが記録された戦中までの変遷については、八木康幸さんの博捜が明らかにしています。『東京人類学会雑誌』などの学術雑誌に紹介された後、鉄道省や日本旅行協会の観光案内などに取り上げられ、地元紙『秋田魁新報』で紹介されるようになります。さまざまな文脈でナマハゲの価値が発見されたのです。

また、磯村朝次郎（一九三二〜二〇〇八）の整理により、戦前から戦後にかけての変遷も確認されました。戦前の放送や映画でナマハゲが取り立てられ、戦後、ナマハゲ・コンクールが行われ、芸術家の岡本太郎（一九一一〜九六）の注目を経て、やがてテレビにも取り上げるようになりました。マスメディアの中で脚光を浴びるナマハゲは、今日のナマハゲの一つのルーツになっています。

そうしたナマハゲの価値にいち早く注目したのは、内閣文庫で真澄遊覧記を熟読していた民俗学者の柳田国男（一八七五〜一九六二）です。昭和二年（一九二七）に男鹿半島を訪ね、秋田人に向けて書かれた「をがさべり」は、昭和三年（一九二八）の『雪国の春』に入って、よく読まれてきました。ナマハゲのみならず、ナゴミタクリ・ヒカタタクリ・カバカバ・チャセンゴ・タビタビ・ホトホト・コトコト・カユヅリ・トビトビ・タメタメと、日本列島を南へたどり、八重山諸島の事例まで引いて、「年の神の姿」と認めたのです。

やや後れて、民俗学者の折口信夫（一八八七〜一九五三）は昭和五年（一九三〇）の東北旅行を経て、昭和六年（一九三一）の「春来る鬼」で、かせとり・なもみたくり・なまはげを取り上げて、これを「まれ人」（客神）として位置づけました。昭和九年（一九三四）の「春来る鬼」は秋田人に向けて書かれた文章ですが、そこでは常世の国から来る「先祖の霊」であることを再説しています。

戦後、こうした民俗学者の理論を超えて、ナマハゲを世界の中で評価したのは、文化人類学者の岡正雄（一八九八～一九八二）でした。日本列島はいくつかの種族が渡来し、時の経過の中で重層・混合した文化を形成したと見る視点に立って、ナマハゲを位置づけました。昭和三一年（一九五六）の「日本民族文化の形成」は、昭和五四年（一九七九）の『異人その他』の巻頭に収録されました。

日本列島の諸民族文化の一つに、「母系的・秘密結社的栽培―狩猟民文化」があったと考えます。この種族は稲作を知らず、男子が怪奇な姿に仮面仮装して、神―粗霊―妖怪として村々に出現し、女や子供を威嚇する秘密結社の民俗文化として、ナマハゲを取り上げるのです。しかもそうした文化は、メラネシアやニューギニアの秘密結社と類似するものであり、古く東南アジア大陸から南シナ海を経て、日本列島に渡来した文化だったと考えます。

岡正雄の指摘は「粗霊」「霊魂」の仮装に触れて重要でしたが、その後の民族学は研究課題が細分化してしまい、日本文化の形成について議論が進むことはありませんでした。その結果、ナマハゲは秋田はもちろん、沖縄を含む日本列島に留まるものではなかったのに、日本国内に限定してしまったのです。ナマハゲをめぐる国際的な議論が深められれば、それは秋田文化の世界的な価値を考える機会になるにちがいありません。

参考文献

・石井正己『柳田国男の見た菅江真澄』三弥井書店、二〇一〇年。
・日本海域文化研究所編『ナマハゲ』秋田文化出版、二〇〇四年。
・八木康幸「近代における民俗文化の発見とその知識、情報の普及過程」『関西学院史学』第三六号、二〇〇九年。
・八木康幸「なもみはげたか」『人文論究』第六〇巻第一号、二〇一〇年。

付記

『男鹿市の文化財　第一九集　重要無形民俗文化財　男鹿のナマハゲ』（秋田県男鹿市教育委員会・男鹿市菅江真澄研究会、二〇一七年）が発行されました。

IX　菅江真澄と秋田文化

今、天野荘平さんからご紹介ありましたが、わたくしは実は、柳田国男（一八七五〜一九六二）を長い間研究してきました。柳田国男が「民俗学の恩人」として讃えたのは、菅江真澄（一七五四〜一八二九）でした。ですから、柳田国男を知るには、菅江真澄を知らなければならないと考えました。そこで、もう二〇年近く秋田県へ通い、年に一、二度講演しながら秋田県人とおつきあいしてきました。

秋田県には各地に菅江真澄のゆかりの場所がありますから、「おらほの真澄」として、深い縁を感じてこられたと思います。自慢するべき財産があるというのは、非常にうらやましく感じられます。けれども、真澄を秋田県で抱え込むのではなく、東京へ持ち出してはどうか、さらには世界の財産にできないかと考えてきました。富士山が世界遺産になりましたが、めざすは真澄を世界の遺産にすることでしょう。冗談ではなく、本当にそれだけ価値があるのに、まだ発見されていないと思います。

今日、こうして東京で菅江真澄についての会議が開かれるということは、わたくしにとっては長い間の夢だったわけです。なぜかというと、菅江真澄に熱中してその価値を吹聴した柳田国男でさえ、東京で菅江真澄の会議をもつことはできませんでした。ある意味でいえば、菅江真澄が東京進出を果たした、今日は第一歩とさえ感じられるからです。

秋田県と言えば、わたくしどもにとって印象深いのは、やはり「秋田音頭」でしょう。この歌には秋田名物が次々とあげられてゆきます。八森の鰰《はたはた》、男鹿のぶりコ、能代の春慶、檜《ひ》山《やま》の納豆、大館《おおだて》の曲げわっぱといった具合です。秋田県の催しでわたくしが歌っても、まったく味がありませんので、ここでは遠慮いたします。

この「秋田音頭」は、二代藩主佐竹義隆（一六〇九〜七二）が寛文三年（一六六三）に上覧手踊をさせようということになって、藩士の子女たちが練習してお見せしたのが起源とされます。明治時代になると、花柳界の座敷芸として歌われ、やがて秋田県を代表する民謡になったわけです。

この歌詞からは、山や里・海と言った自然の恵みを受けながら、秋田の食文化や伝統工芸が花開いたことがわかります。この歌詞によって、わたくしどもは秋田名物を容易に思い浮かべることができます。今ならば、秋田こまちや稲庭うどんといった新名物も加わることでしょう。秋田のイメージはそのようにして時間をかけて創られてきたはずです。

図版26（右）　はたはたとぶりこ、図版27（左）　ぶりことる浦乙女
（『雪の道奥雪の出羽路』全集第３巻より）

真澄もそうした秋田名物と無関係ではなかったように思います。享和元年（一八〇一）、津軽から出羽に移って来て、『雪の道奥雪の出羽路』の山本郡の岩館《いわだて》（現八峰町）で、「はたはたの雌雄」や「ぶりことる浦乙女」を描いています。「はたはたの雌雄」には、ハタハタには雄と雌があり、雌の腹に卵のブリコがあることを詳細に描いています。ハタハタはしょっつるの材料になり、ブリコは珍味として珍重されてきました。

「ぶりことる浦乙女」では、藻についたブリコを浦乙女たちが熊手を使って掻き集め、コダシという籠の中に入れています。「八森はたはた雄鹿ぶりことい ふ諺のあり」とあり、「秋田音頭」の背景には、諺があったことが知られます。ハタハタやブリコをこれだけ詳しく最初に記録したのは、菅江真澄だったことになります。そうしたことを取り上げてみるだけでも、菅江真澄をぬきにして秋田文化は語れないと思うのです。

＊

柳田国男は「民俗学の恩人」と呼んだ真澄について、昭和一七年（一九四二）に『菅江真澄』（創元社）という本を出しています。その中で、真澄がなぜ旅に生き、仙北郡の梅沢で亡くなったのかを考え、二八年間を秋田で過ごしたことに触れます。しかし、その特異な人生について、まだ知ることができていないという未練がありました。昭和一八年（一九四三）に角館を旅して、菅江真澄翁終焉の地の記念碑で撮った写真も残っています。

遡って、昭和三年（一九二八）の『雪国の春』（岡書院）の中には、「をがさべり」という文章がありました。「をがさべり」とはおしゃべりの意味の秋田方言です。柳田は秋田県人に向かって、真澄のことがしゃべりたくて仕方がなかったのだと思います。その中でも、印象深いのは真澄が一年間かけて、男鹿の地を時計と反対回りに、北浦・西海岸・南磯と回ったことがあったはずです。

文化七年（一八一〇）の『男鹿の春風』に、入道崎まで見はるかす「一ノ目潟」の図絵を残しています。左に戸賀湾があり、手前の少し黒いのが一ノ目潟です。周囲にピンクの桜と

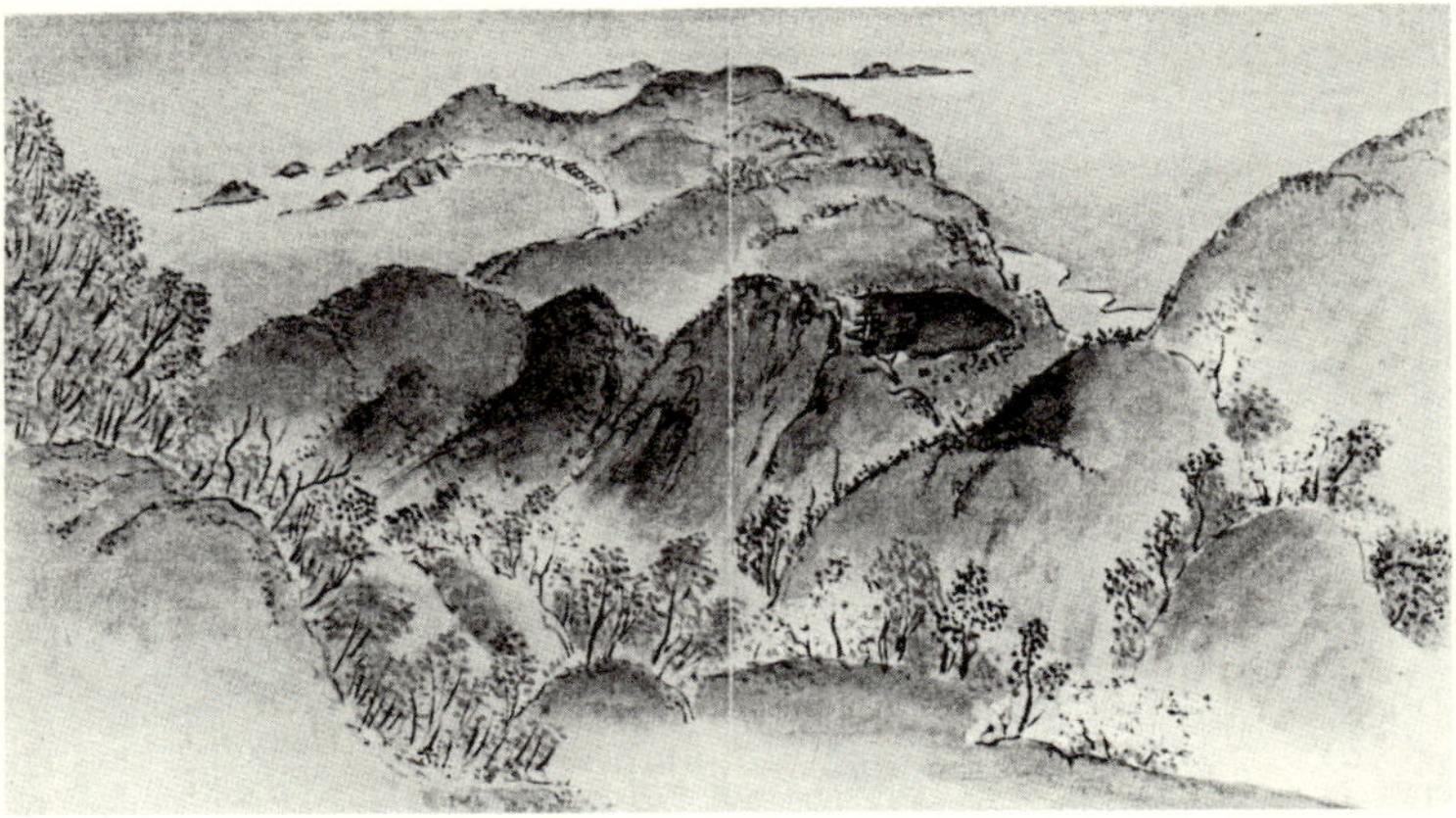

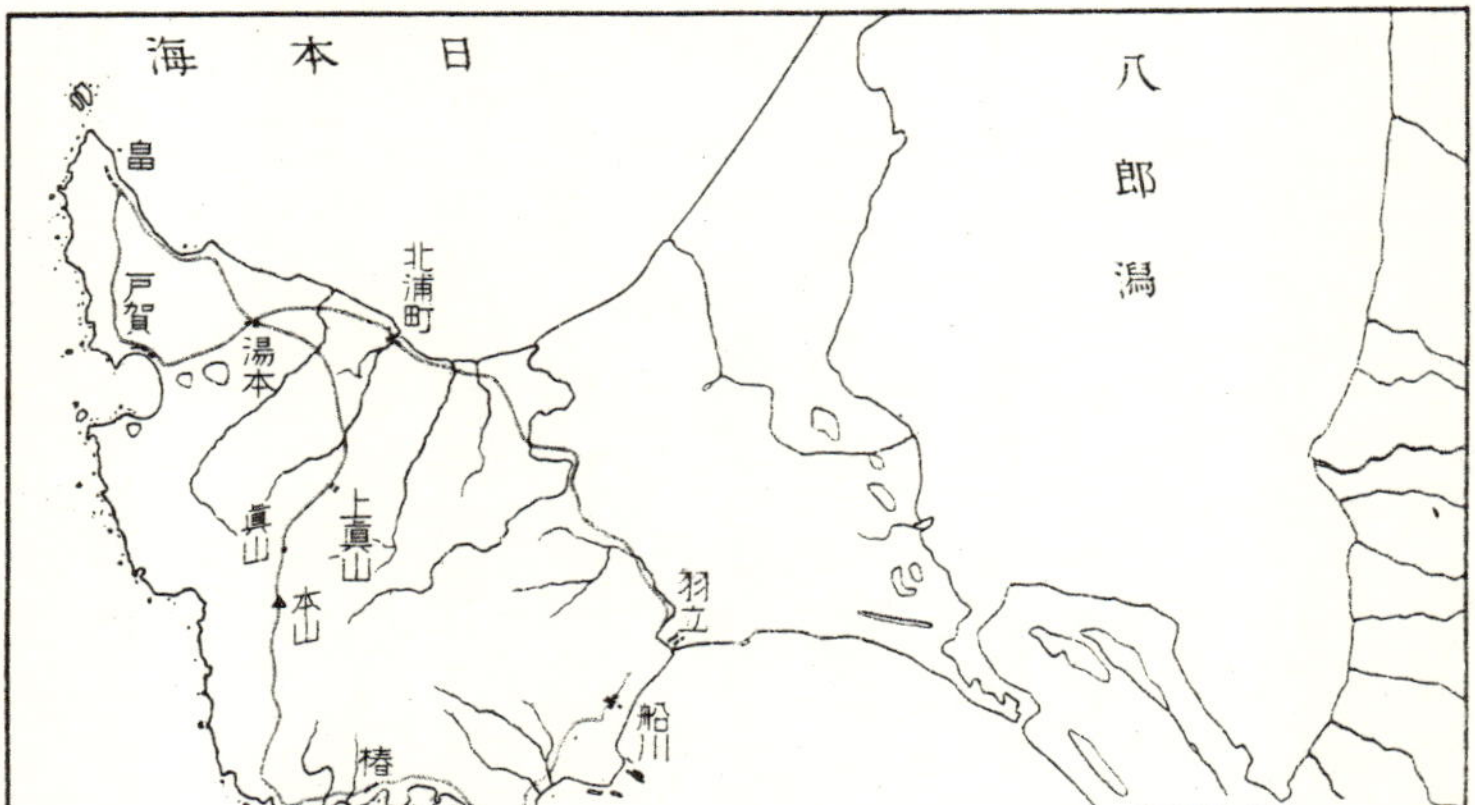

図版28（上）　男鹿の春風（模写）、図版29（下）　男鹿半島遊跡（原典は２色刷）
（柳田国男『雪国の春』より）

緑の若葉があります。今、八望台という展望台がありますが、あのあたりから見た風景でしょう。

昭和二年（一九二七）五月、柳田国男は、真澄が歩いたのと同じ季節に、同じ場所に立ってみたいと考えました。実際に花の盛りのときに歩くと、若葉が美しく、山道の印象が殊にのどかでした。一二〇年ほど前の風景が今も変わらないことに深い感動を覚えています。真澄の図絵は写生であり、批判に堪えうる資料であることを身を以て証明したのです。こういう絵画資料を持つ地域は全国を見ても他に例がなく、この財産をどう生かすかということが問われていると思います。

さて、柳田国男は「をがさべり」を、「大切なる急務は、将来いかなる種類の訪問者を、主として期待するがよいかを考えておくことである。感覚の稀薄なまけ者ばかりを、何千万とおびき寄せたところが、男鹿の風景はとうてい日本一にはなれまい」と結んでいます。柳田は観光に対して非常に慎重でしたから、こうした発言することはめったにありません。心の高ぶりを感じます。男鹿の観光は知的な観光であるべきだと提唱していますが、それは今も大事なことだと思います。

＊

もう少し話を転じてみましょう。私が気に入って使う資料に、昭和三〇年（一九五五）の岩波写真文庫の『男鹿半島』（岩波書店）があり、表紙は八郎潟の氷下漁業の写真です。真澄遊覧記とこの写真文庫との間には、極めて高い類似性があることに気がつきます。

実は、この写真文庫が出る三年前に、『新訳真澄翁男鹿遊覧記』（男鹿史志刊行会）が出ています。これは天野さんの祖父・天野源一（一八九二～一九五九）がまとめたもので、男鹿半島の遊覧記を現代語に訳しています。写真文庫がこの本をネタにしながら編んだことは間違いありません。昭和二〇年代後半から三〇年代前半に、男鹿半島で真澄の価値が再発見され、さらに写真を通して真澄の世界が広まったのだと思います。

今は説明しませんけれども、『男鹿の寒風』の宮沢集落のナマハギの様子は、箱を鳴らすことがなくなっているようですけれども、今も変わらない行事が続いています。写真文庫では、ナマハゲは宿の主人に暴れるのを止められていますが、「ヒヤミコキ（怠け者）の嫁はいないか、泣く子はいないか」と言って入って来ています。

一方、この間に失われた風景に、八郎潟の氷下漁業があります。文化七年の『氷魚の村君』の「魚帒引揚」と、写真文庫の「引き網を穴から下す」はそっくりです。変わらない風景が昭和三〇年代まで続いてきたことがわかります、

これは、秋田の高桑与四郎という人が、信州の諏訪湖の漁法を学び伝えたものです。時期は寛政三年（一七九一）とも、六年（一七九四）ともいわれます。従って、真澄が描いたときには、八郎潟に新しい漁法が伝わってから、二〇年経っていません。真澄は伝統技術では

なく、新しい漁業を目ざとく見つけて描いたわけです。

この八郎潟は日本第二の湖でしたけれども、昭和三二年（一九五七）以降干拓が進み、八割が埋められてしまいました。戦後の食糧自給対策の中で行われたことですけれども、できあがってみたら減反政策が進んでいました。そのために、今では真澄の風景も、写真文庫の風景も失われています。このことをわたしたちはどう考えたらいいのでしょうか、それが問われているように思います。

＊

そして、男鹿の船川からもうちょっと西に行った椿という集落の白岩が出てきます。そこを文化元年（一八〇四）に訪ねた真澄は『男鹿の秋風』に「まゆたけの形の岩」を描いています。実は、真澄の図絵の中には、こういう奇岩奇石を描いたものがたくさんあります。わたしたちは、何でこんな図絵を描いたのか、長い間わかりませんでした。

けれども、平成二三年（二〇一一）に男鹿半島が日本ジオパークに指定されました。今、永井登志樹さんが一生懸命活動なさっていて、やがて世界ジオパークへと動いてゆくでしょう。ジオパークというのは「大地の公園」という意味ですけれども、地球科学的に重要な地層を遺産として保存しようという運動です。そういう眼差しで見るならば、今も変わらずある椿の白岩の価値はがらりと変わります。

これは、つい二年前に真澄の遺産が再発見されたことを意味します。しかし、それは、真澄が描いたその意義を知ることができなかったことでもあります。ですから、真澄が残した遺産には、まだその価値が発見されていないものがたくさんあるはずです。これからもどんどん発見されてゆくことでしょう。

今、菅江真澄を読んで、そこから何を発見してゆくのかが問われることになります。秋田県の方々にとっては、それは遠い世界の話ではなく、生活の中にあります。足下にある世界を再発見するための手掛かりが菅江真澄にあると思います。精神的にもそうですが、経済的にもそうだろうと思います。ですから、菅江真澄を読むというのは、単なる楽しみ以上の大きな意味を持つと感じているのです。

*

思えば、真澄は北東北を中心に、北海道の南部を丹念に歩いています。明らかに、芭蕉が『奥の細道』の旅で歩かなかった北の地域を意識して歩いたように思います。ですから、ずいぶん辺境を歩いたという印象を持ちます。しかし、果たしてそうだったのかという疑問が、昨年の男鹿大会で出されました。

それは何かというと、「島巡り」という問題です。写真文庫には、「孔雀の窟　島めぐりの遊覧船」という写真が出ています。男鹿半島の西海岸の観光は、海から楽しむものだったのです。実は、真澄遊覧記の『男鹿の島風』の戸賀から門前にかけては、西海岸の奇岩奇石を描いた図絵がたくさん出てきます。竜ヶ島、帆掛島などがありますが、新しい名前でもゴジラ岩とかあって、新しい名勝地になっています。それらを陸からではなく、海から見て楽しんだのです。

『男鹿の島風』に描かれているのは「大産橋」（大桟橋）で、本文には、橋の上を盲人が一片歯の足駄で歩いたという伝説を書いています。その図絵には、七人くらい乗った帆掛け舟が大桟橋の中をくぐる様子が描かれています。これはどう見ても漁師の船ではありません。真澄遊覧記の表紙には「島巡り」と見えます。二〇〇年前にも島巡り観光があったと考えないと、この様子は説明できないことになります。

なぜ人々が西海岸を見に訪れたのか、おそらく本山・真山を訪ねる巡礼の問題があったと思います。男鹿半島を訪れるというのは、深い信仰だけではなく、楽しみでもあったはずです。そういう眼差しで見ると、真澄は探検をしたというのではなくなります。男鹿半島には、わたくしどもがまだよく見えていない動きがあったにちがいありません。そのような隠れた歴史が真澄の小さな図絵から読みとれれば、それは大きな発見になるでしょう。

＊

真澄遊覧記から岩波写真文庫は時を超えてつながっていますが、その後、高度経済成長期やバブルの崩壊があり、この間の変化はたいへんなものです。さらに東京への一極集中、地方の少子高齢化・過疎化が問題になっています。そういった問題を見つめるためにも、定点観測の場所として真澄遊覧記が意味を持つと思います。

これは秋田県に暮らす人々はもちろん、ふるさとを離れて首都圏で暮らす人々だけの問題だけではありません。そういう現代の課題と向き合う中から、菅江真澄を再発見する必要があるでしょう。秋田文化の価値についても、菅江真澄を通して再発見できるはずです。

真澄は秋田県の居心地が悪ければ他へ移ってしまったはずなのに、終《つい》の棲家《すみか》にしたのです。たぶん秋田の文化や人間に強い魅力を感じたにちがいありません。二〇〇年後の今、彼の残したものの価値を再発見してみたいと思います。今日の東京進出は、そのための初めの一歩になるでしょう。

（二〇一三年七月一三日、東京・スクワール麹町における「秋田の文化を探り、国民文化祭へ」の講演）

付記

後に、ナマハゲの現状をまとめた記録、『男鹿市の文化財　第一九集　重要無形民俗文化財　男鹿のナマハゲ』（秋田県男鹿市教育委員会・男鹿市菅江真澄研究会、二〇一七年）が発行されました。

X　文化財としての昔話

一　「笠地蔵」と昔話の思想

今、佐々木人美室長から秋田県の文化財について、概観と現状をご説明いただきました。秋田県はこのような文化財をたくさん抱えていらっしゃるということを知り、大変勉強になりました。「文化財保護法」についてのご説明がありましたが、今日は文化財よりは、昔話そのものについて詳しくお話をしてみたいと思います。大学では『源氏物語』や『平家物語』などの古典文学を教えているのですが、一方で『柳田国男全集』の編集や昔話の研究を行って、民俗学にずいぶん前から深く関わってきましたので、その体験の中からお話をしてみたいと思います。

今日は一月二一日（二〇一二年）ですが、年末年始をさまざまな形でお過ごしになったと思います。東京では最近、おせち料理を家庭で作るより、高価なおせち料理を買うということが流行っています。一一月頃からチラシが出回って、デパートに行くと一万円から高いものでは一五万円ぐらいのものがあります。私の家でも、妻がちょっと体調をくずしておりますので、今年は京都のおせち料理を頼んで家族で食べましたけれども、正月行事のあり方も変わってきているかもしれません。

わらべ歌の中には、お正月には赤いべべ（着物）を着て草履を履いて、白いまま（飯）や魚を食べるとあります。晴れ着を着てハレの食事をするのです。現在ではもう質素に見えるかもしれませんが、このような衣装や食事が当時はあこがれだったわけです。そういう意味で言えば、私たちは豊かな生活を手に入れたことになります。ところが、日本人が幸福感を手に入れているかというとそうではなくて、一方、ブータンでは国民の幸福度が大変高いということが話題になりました。日本ではなぜ幸福感が得られないのかということが問題になります。

年末の昔話で私たちがすぐに思い浮かべるのは、「笠地蔵」でしょう。これは小学校二年生の定番教材で、岩崎京子さんの作品を教材として扱います。ほとんどの教科書に入っていますので、日本の子供たちは「笠地蔵」の話をみんな知っているわけです。年越しの晩に食べるものがないおじいさんが町へ笠を売りに行きますけれども、笠が売れない。帰りに六地蔵の頭に笠を被せて、足りないと自分の手ぬぐいを被せます。昔話というものは内容をおもしろくしますから、時には自分のふんどしを被せる話もあります。

おじいさんが家に帰って、「笠が売れないので、お地蔵さんに被せてきた」と言うと、おばあさんは、「それはたいそう良いことをしなさった。私たちは貧しくても良いから年を越そう」と言うわけです。信じられないくらい美しい心を持った夫婦です。私どもの家であったなら、「売れるまで帰って来るな」と言われるのが普通ですが、そうではありません。昔話の中の人間は、正直なら徹底的に正直、いじわるなら徹底的にいじわるで、近代的な人間像とは合わないところがあります。

そして、おじいさんとおばあさんが寝ていると、「じょいやさ、じょいやさ」という声が聞こえてきて、なんだろうと外を見ると、おじぞうさんがソリに正月のものを乗せて置いていってくれたのです。お地蔵さんの後ろ姿が見えて、おじいさんとおばあさんは無事に年を越すことができたとなるわけです。「花咲か爺」や「瘤取り爺」だと、それをうらやんだおじいさんとおばあさんが真似をして失敗するのですが、「笠地蔵」では真似をする者はなくて、心美しいおじいさんとおばあさんの話として完結するわけです。

古い資料を見てみると、正月の用意だけでなく、大判小判も手に入れて、それで一生幸せに暮らしたとなっています。昔話の思想としては、清貧の思想、清く貧しく生きるのではなく、それによって大判小判を手に入れて幸せに暮らすという一生の安泰を語るのです。今ではつつましやかな幸せになっていますが、それが昔話の思想だったと思います。

年末年始は昔話の語られる時節で、その時に題材を取った話がたくさんあります。「大歳の客」という話があります。大晦日の晩に座頭がやってきて、食べさせるものもないから粗末な食事を与え、寝る場所もないので、薪をどんどん焚いて囲炉裏の側に寝かせました。翌朝、蒲団を取ってみると座頭は大判小判に変わっていたというのです。お地蔵さんが大判小判を持ってくるのと同じようにして、大金を手に入れることができました。そういう流れに、年末年始のジャンボ宝くじもあるのでしょう。おじいさんやおばあさんのような経験をした方も稀にあるかもしれませんが、なかなかそうはいきません。

年が明けると、若水を汲みます。泉や井戸に汲みに行きますけれども、若水でお茶を飲んだりご飯を炊いたりすることは、みなさんもなさっているのではないかと思います。若水用のペットボトルがあって、これを二日の日に贈るというシステムもあり、利用されている方もあるのではないでしょうか。その若水を泉に汲みに行って、若返ったおじいさんがいます。同じ家のおばあさんが、おじいさんがそんなに若返るなら私も若返りたいと泉に行って、どんどん水を飲んだら赤ちゃんになってしまいます。人をうらやんではいけないという話になるわけです。「若がえりの水」という話です。

これらの昔話に隠れている信仰は、たぶん年末年始の火と水になると思います。年末というと冬至に近く、太陽の力が最も弱くなり、昼の時間が最も短くなる。西洋で言うと、クリスマス、サンタクロースと重なってくるわけです。お地蔵さんが贈り物を届けるのと、サンタクロースがプレゼントを届けるのとはおそらく無関係ではありません。世界的に考えてみなければいけない問題があるはずです。さまざまな行事の中に昔話が生きてきたのですが、それが姿形を変えながら現在にも生きていることがあろうかと思います。

二　文化財保護、世界遺産登録のことなど

昔話を文化財として考える場合、保存と活用をどう両立させるのかという、非常に難しい問題があります。文化財は外へ出せば傷むので、できるだけ外に出したくないのですが、一方でそれを活用しなければいけないという矛盾を抱え込むからです。しかし、この数年間強く言われていることは、文化財をただ残すだけではなく、遺産としてどのように活かしてゆくかということです。

秋田県は全国でも有数の民俗文化財を持っていますが、昔話も民俗文化財に入ります。「衣食住、生業、信仰、年中行事等に関する風俗習慣、民俗芸能及びこれらに用いられる衣服、器具、家屋その他の物件で、我が国民の生活推移の理解のため欠くことができないもの」、これを民俗文化財と呼びます。

大日堂舞楽や番楽のように、民俗芸能の場合、比較的指定がされやすいという側面があります。日本では昭和の初めから、民俗芸能大会や郷土芸能大会が東京で行われました。全国の貴重で珍しい芸能を東京の日本青年館に集めて、人々がそれを見たのです。地元にしてみ

れば、自分たちの芸能が全国に認められるわけですし、研究者にしてみれば、なかなか見られない貴重な芸能を見ることができます。民俗芸能大会や郷土芸能大会はそういう場として機能してきたのです。それが文化財の指定に深く影響したわけです。

「文化財保護法」に基づいて条例が制定され、専門委員の委嘱を受けて、教育委員会が文化財担当を置き、文化財政策を行ってきました。文化財は公的もしくは準公的なものであり、神社仏閣で持っているものもたくさんありますし、個人資産も少なくありません。法隆寺金堂壁画の焼失が話題になりましたが、戦後の混乱期に貴重な資料が海外へ流出するのを避けたいということがあり、指定することでそれを回避しようと考えたのです。戦後の出発と文化財の指定は密接に関わっています。

貴重な文化財の焼失を防ぐために、防火訓練をしながら保存を考えてきましたが、昨年（二〇一一年）の東日本大震災で、三陸海岸が津波に襲われ、それによって多くの文化財が流出しました。陸前高田市のように、博物館自体が被害に遭ったところもあります。文化財のレスキュー活動が行われ、その後の修復作業に入っています。流された古文書を探し出して、保存する技術も発揮されています。災害大国・日本では、文化財を保護するのがそう簡単なことではないという問題があります。

もう一つ触れておくと、文化財指定まではいかないけれども、地域には大切なものがたくさんあります。これを「地域遺産」として積極的に登録しはじめている自治体があります。

ある種の補助金を出して、保全に努めるという活動です。そうすると、たくさんの遺産が増えすぎてしまい、ここも遺産、あそこも遺産ということになる。その中で、遺産の価値や稀少性をどのように考えるかという問題が起こっています。

先ほど縄文遺跡群の世界遺産登録の話がありました。昭和四七年（一九七二）にユネスコで条例を採択してから、ヨーロッパを中心に登録が増えてきました。秋田県では白神山地が自然遺産になって、保護と活用が問題になっています。活用というのは、実は観光と同義と言ってもいいような現実があります。一方で観光客が増えすぎると、その保護に困ってしまいます。屋久島の自然遺産だけでなく、白川郷の合掌造りのような文化遺産でも入場制限をしているところがあります。いろいろ難しい問題があるわけですが、世界遺産に登録されれば地域経済の活性化につながることが期待されるわけです。

中国などは世界遺産登録を国家事業として推進しています。例えば、雲南省の麗江古城の古い町並みが指定されましたけれども、住んでいた人はその町から離れて、新しいマンションに住みはじめています。そこに福建省などから商売人が入って来て、ナシ族の服装をしてお土産を売るのです。近くには空港ができ、百万人の観光客を誘致しようとしています。それに比べれば、日本の世界遺産登録はまだ穏やかに進んでいると言えるわけです。縄文遺跡群が指定されたときに、白神山地とのコラボレーションをどうするのか、新たな問題が生じると思われます。

三　東日本大震災と『遠野物語』の価値

話を昔話に移してまいりましょう。私自身、この二〇年ばかり昔話に深く関わってきましたが、今日は「文化財を活かした町づくり」ということがテーマになっていますので、二つの事例をご紹介申し上げて、そこから秋田県の問題に触れていきたいと思います。

ひとつは東北地方で、岩手県の北上山地の中にある遠野という町の事例についてお話ししてみたいと思います。今から百年ほど前の明治四三年（一九一〇）に柳田国男（一八七五〜一九六二）が『遠野物語』（私家版）という本を出しました。三五〇部でしたが、後に民俗学の誕生を記念する本だと位置づけられます。遠野出身の佐々木喜善（一八八六〜一九三三）が東京で柳田に出会って、ふるさとの不思議な話をしたものです。人々が豊かな自然に囲まれ、神仏や精霊、妖怪たちに囲まれながら暮らしているような世界です。柳田国男は、このことは現実に起こった出来事だとして、そのリアリティーを強調しました。

やや脱線しますけれども、『遠野物語』の九九話に、明治の三陸大津波の話が出てきます。佐々木の縁戚にあたる北川家の福二という人が船越半島のつけ根の田の浜という集落に婿に入ります。そして明治二九年（一八九六）の旧暦五月五日（新暦六月一五日）に、三陸海岸は大津波に襲われました。福二は奥さんと子供を亡くし、生き残った二人の子供と元の屋敷のあった場所へ小屋をかけて暮らしたのです。今のように復興支援がありませんから、自力で立ち上がってゆくしかありません。

翌年夏のある夜、便所に行きたくなって浜辺を歩いていたら、霧の中から男と女がやってくる。よく見たら、女の方は津波で亡くなった奥さんでした。奥さんと一緒にいたのは、福二が婿に入る前に噂のあった男だったのです。恋愛関係にあったけれども、婿をとらなければいけないということで別れさせられたはずです。新たにやって来た婿に、村の人たちが、「あなたの奥さんは昔あの人とつきあっていた」ということを耳に入れるのです。福二はいつも奥さんの心がどこにあるのかと考えていたと思います。

奥さんは、「今はこの人と夫婦になっている」と言います。福二が「子供はかわいくないのか」と尋ねると、奥さんは悲しそうな顔をして去っていきました。その時、福二が奥さんの足下を見たのは、幽霊かどうか確かめたのでしょう。私は今回の東日本大震災を経験して、たぶん奥さんの遺体はあがっていないと確信しました。奥さんの死をどう受け容れようかというところで、彼の心が動いていて、その時に現れた幽霊ではないかと思うのです。

生きていることと死んでいることの間、現実と非現実との間に、物語が立ち上がっています。福二はその姿をしばらく追いかけましたが見失い、朝になって帰ってしばらく病んだそうです。小さな話ですけれども、そこには人々の復興を生きる姿が見事に結晶化していて、すごいなと思うわけです。三陸海岸の話だからと捨てないで書き留めた柳田の判断は正しくて、私たちはその話から東日本大震災の復興についてもいろいろ考えることが出来るわけです。

四　佐々木喜善の偉業と昔話に対する視線

佐々木喜善は『遠野物語』発刊後、遠野に戻って作家になることをあきらめ、柳田国男の指導を受けながら昔話を集めます。江刺郡の人首《ひとかべ》という所から炭焼き来ていた朝倉利蔵から話を聞いて、『江刺郡昔話』（郷土研究社）をまとめたのが大正一一年（一九二二）のことです。これは民俗学的な視点で集めた昔話集の最初だと言われています。

そして、紫波《しわ》郡の煙山《けむやま》という所に住んでいた小笠原謙吉（一八七九〜一九四二）が送ってくれた資料をリライトします。これは祖母の話と小学生の作文とが混在しているのですけれども、大正一五年（一九二六）、これを『紫波郡昔話』（郷土研究社）にまとめます。柳田は一方で沖縄の話を見ていましたが、それと共通する話が含まれていました。柳田はこの本に刺激されて、昔話研究にのめり込んでいきます。

とても大事なのは、佐々木の家から少し下ったところに住む辷石谷江《はねいしたにえ》（一八五八〜一九三七）というおばあさんのところに通うことです。そのおばあさんは大変な昔話の語り手だったのです。冬の寒い時に五〇日間通い続けて、熱心に話を聞きました。その時に村人は、「今日もなじみ婆さまのところに行くのしか」とからかったそうです。一人前の男が昔話を聞きに行くことに対して、村の人たちは親しい女性のところに通う浮かれた男のように見ていたのです。非常に批判的だったはずです。

谷江も佐々木に話を語るのは何となく億劫で、仕事をしていて気乗りがしなかったようです。ところがあんまり熱心なものですから、ある時、「自分が死んで墓場に入っても、誰も聞いてくれない。だから、生きている間にあなたに残しておきたい。ぜひ聞いてくれ」と言って、それからは熱心に語りはじめたそうです。非常に積極的な語り手になったということを書いています。

そういうふうにして、佐々木が谷江の所に行って話を聞いているという噂が広まると、村の話の好きな人たちが集まってきて、「こういう話もある、ああいう話もある」という談義が始まったそうです。これは大正一二年（一九二三）のことですけれども、昔話を残すということに対して、一方には批判する人がいながら、一方では価値を見出だす人たちもいたのです。こうして記録された昔話は、昭和二年（一九二七）に『老媼夜譚』（郷土研究社）として発行されます。

佐々木は昭和四年（一九二九）に仙台に出て、北東北の昔話を寄せ集めた『聴耳草紙』（三元社）という本を出します。三〇三という数の昔話を集めて、北東北の昔話の全貌を明かにしたのです。そういう仕事をしたので、言語学者・アイヌ語研究者の金田一京助（一八八二〜一九七一）は、「日本のグリム」と呼んだと言われています。佐々木は『江刺郡昔話』で、「広い日本の中に珍しい宝玉が多く土の中に埋没しているのを掘り起こさねばならぬ」と言っています。昔話は土の中に埋もれている宝物であり、それを掘り起こすのが研究者の役目だとします。今日の話であれば、昔話を文化財にしてゆくことと言い換えてもいいでしょう。大きな事業ですけれども、その志が活かされて、二〇世紀に、少なく見ても六万ぐらいの昔話が日本列島から掘り起こされたのです。

五　昔話を観光資源にした遠野

遠野の話をもう少ししますと、『遠野物語』や昔話を最初から価値あるものとして位置づけてきたかというと、そんなことはありません。遠野が『遠野物語』や昔話を再発見したのは、間違いなく昭和四五年（一九七〇）の岩手国体からです。一時は遠野物語朗読会があったものの、『遠野物語』は出来てから六〇年間は埋没していて、国体の時に観光資源として発見されたのです。

その役を担ったのが鈴木サツ（一九一一〜九六）というおばあさんでした。市民センターのこけら落としに呼ばれて、昔話を語ります。サツさんは狐の話でもしようかと思っていましたが、そこで要求されたのは「オシラサマ」でした。ところが、鈴木サツさんは「オシラサマ」の話をよく知らなかったと証言しています。そこで傍にいた福田八郎という校長先生から聞き、即座に語ったというのです。NHKで放送していた「その時歴史が動いた」ふうに言えば、遠野の歴史が大きく動いた一瞬だったはずです。

「オシラサマ」というのは、馬と娘が結婚する話です。父親が馬と娘の関係を知って馬を殺し、娘は馬の皮に包まれたり馬の首に乗ったりして昇天してしまいます。その後、娘が両親の夢に現れて、蚕の作り方を教えます。馬を殺した桑の木で作ったのがオシラサマであるという話です。この世の中に養蚕の技術とオシラサマがもたらされたいわれを語るのです。これが遠野を代表する話になっています。

その後サツさんは旅館や民宿で語ったり、全国を歩いて語ったりしました。NHK紅白歌合戦の審査員までして、全国的に有名になりました。それに伴って、遠野では昔話を語るにふさわしい施設を用意するハコモノを行政を行いました。大事なのはハコを作るだけでなく、そこで語り部と呼ばれる、一〇〇話も二〇〇話も語れる語り手が昔話を語って遠野観光の資源になってきたことです。その結果、観光客は『遠野物語』と同じ話が聞けるので、『遠野物語』は今も生きているんだという、癒しの効果が生まれました。

しかし、遠野の中では必ずしもそれだけではありませんでした。先ほどの佐々木喜善と同じ経験を鈴木サツさんもしています。サツさんは、「ほら話を語って銭っこもらって」と陰口を言われたのです。つまり、ほら話である昔話を語ってお金をもらうことへの軽蔑です。町の人たちはサツさんが昔話を語ることに対して、必ずしも優しいまなざしでは見ていなかったのです。しかし、現在ではそれが当たり前になり、行政も積極的に観光政策を進めています。昔は無料でしたけれども、今は語りを聞くのが有料になっていて、まさに商売です。

昔話や『遠野物語』が大事な資産として考えられてきたかというと、今お話ししたような経過がありました。もっと言えば、今の七〇代より上の人たちには、『遠野物語』があることは、遠野がいかに後れているかということを示すと考えてきたはずです。現在は使われなくなりましたけれども、岩手県の「後進性」が議論されました。『遠野物語』は貧しさを象徴する物語だったのです。

私もすいぶんそうではないことをお話ししてきましたけれども、先ほどの津波の話だけではなく、とても大事なものがあの中に埋もれています。ただし、やはりその内容は暗くて寂しい話で、不気味な話が多いわけです。しかも今で言うと、個人情報に関わる話がたくさんあります。ザシキワラシがいなくなって没落した家の話でも固有名詞が書かれていて、はっきりわかります。こうした話が通用するのは東日本、とりわけ東北地方の人間関係だからで、西日本では難しいと思います。現代社会では、『遠野物語』のような個人情報と関わる話は書かれにくいと思います。

そして、観光の場ではお客さんに語るわけですから、そこでは話芸になって、うけをねらうようになります。下がかった話が喜ばれる傾向もあります。それまで囲炉裏端で語られてきた昔話とは大きく変質しているはずです。研究者たちはそれに対して批判的です。遠野へ行っても古いものはもう何も残っていないとして、民俗調査もきちんと行われませんでした。語り部たちが高齢化して、後継者不足の中でどうするのかという議論が始まりましたが、簡単に語り部は生まれません。

それは秋田県でも他人事ではありません。今は囲炉裏端で昔話を聞いてきたお年寄りが語っていますけれども、囲炉裏がなくなった今、人々が豊かな生活感覚を背景にもった昔話をどうやって伝えてゆくかということは、そう簡単ではないと思うわけです。そうした実験はまだ誰も行っていませんし、手探りで始めたばかりと言えましょう。

六　昔話を文化財にした佐治

もう一つは西日本の事例です。私自身、日本中のいろいろな例を見たいと思って、六、七年前から注目しているところが鳥取県の佐治という所です。鳥取の市街地から二〇キログらい山の方に入った谷あいの町です。

昭和の初めに佐治谷話が因伯史談会の『因伯昔話』（横山敬次郎、一九二三年）などに取り上げられましたが、熱心に昔話に取り組んできたわけではありませんでした。ところが、遠野もそうでしたが、昭和四〇年代になると、佐治村では佐治谷話の記録化を始めます。その時村長さんは、「佐治谷話を郷土の文化財として指定したい」とはっきり言っているわけです。そして、教育委員会で、近く無形文化財として指定することが実現するだろうとしたとおり、やがて佐治村では佐治谷話を無形文化財として指定します。民俗芸能と違って、昔話は個人的な営みであり、誰でもできるのではないかと思われているふしがあります。先ほど人間国宝の話がありましたが、なかなか個人を指定しにくいところがあるので、佐治村では保存会を指定しました。

ところが、これにはいろいろな摩擦がありました。佐治谷話というのは、いわゆる愚か村話と研究者が名づけた話だったからで、佐治の者が鳥取の城下町に出て行くと、「お前は、あの有名な佐治谷の生まれか」と言われ、「今でも本当にあんな阿呆《あほう》がおるのかい」とからかわれたのです。七〇代より上の人たちは「佐治の阿呆」と言われ、みじめで恥ずかしい思いをしたという経験を持っています。何かあると、「佐治の阿呆は黙っておれ」と先生にも言われたそうです。佐治谷は本当に緑豊かな美しいところですが、自分たちが心の傷を受けた佐治谷話を文化財にするのかという反対があったのです。

例えば、「蟹のふんどし」という話があります。佐治の若い衆が浜の方から嫁さんをもらった。嫁の実家に行くことになったが、作法が良くわからない。親たちは息子のことが心配になって、朝、にわか仕立てで行儀を教えた。「嫁の家に行きゃあなあ。この頃のことだけ、蟹っちゅうもんが御馳走に出らあなあ。蟹食う時にゃ、先にふんどしをはずいて（外して）よばれるもんだぜ」と教えてもらった。蟹を食べる時にはふんどしを外せというのです。

そして、もうひとつ、「たくあん風呂」が付きます。「お茶が出た時やなあ。熱うても、ふうふう口で吹くもんじゃねえ。みっともねえからな。漬け物こうこをはさみこんで、混ぜくれれば冷めるけえなあ。そげえするがいいだぜ」と教えられます。お茶出されたら、漬け物で冷まして飲めと、ふたつのことを教わるわけです。夕方、嫁の実家に行って湯殿に案内されるが、湯が熱くて入れないので、教わったとおりに台所から漬け物大根を二、三本風呂に入れて入ったので、嫁さんの実家ではびっくりするわけです。

夕食にお膳が出されて、そこに大きな蟹がのっている。そこで婿さんはまず自分の袴を脱いで、ふんどしを外してきちんとたたんだ後、ゆっくりと蟹に手をつけた。蟹のふんどしを外すというのは、蟹のお腹のところを外すのですが、自分のふんどしを外してしまったのです。ひとつおぼえの話で、これは「馬鹿婿話」「愚か婿話」と呼ばれている昔話ですが、これが伝説化して佐治谷の話になってしまったのです。佐治谷の中では「この奥のもんはな」と語ったそうです。

これは「蟹のふんどし」「たくあん風呂」と言われる笑い話ですが、佐治では、「何でも物事を確かめてせにゃああかんぞ」という教訓話として聞いたそうです。柳田国男はこれらを「愚か村話」と呼んで位置づけました。稲田浩二（一九二五〜二〇〇八）という人が日本中にある愚か村を数えたら、三五ヶ所あったそうです。圧倒的に西日本が多くて、福島県に一つありますけれども、東北地方には他にありません。東北地方というのは愚か村を作らなかった地域ということになります。山間部には狩猟採集で生業をたててきたマタギがいますが、愚か村としてからかったり笑ったりすることはしなかったのです。西日本と東日本の文化の差だと思います。

一方、日本民話の会では、平成七年（一九九五）に『世界の愚か村話』（三弥井書店）を出し、愚か村話は日本だけでなく、世界にもあるということを実証しました。中国にもあればヨーロッパにもあるのです。つまり、伝説化しているけれども、それらが事実ではないことを暗示します。愚か村話と同じような話はすでに江戸時代からいろいろ語られていて、とても実話とは思えないので、これらは作り話だということを正しく理解してもらわなければなりません。

ところが、村の中には、こういう話はそのうちなくなるから、残さずにおいたほうが良いという考えもありました。『遠野物語』もやはりそうでした。書かれなければ百年後にはなくなる話であったのに、書かれてしまったので、私たちの目に触れることになったのです。佐治の人の中にも、勇気のある決断をする人と、それに強く反対する人がいました。その後、二、三〇年経つと、日本中でこのような愚か村話を豊かに伝えているところはもうありません。佐治だけが記録に残しながら、これを文化財にしたのです。

鳥取市に合併された佐治村は、「五しの里づくり」というPRをしています。「五し」というのは「梨のし」「和紙のし」「話のし」「石のし」「星のし」、この五つのしが地域資産であるということで、町づくりをしています。この「五しを代表する魅力ある地域資源を一緒に体験してみませんか」というのが、観光客へのパンフレットの言葉です。若い人たちはこういうものを活用しようとしている。ところがある年代以上の人は、自分が鳥取に行ってさんざん笑われた心の傷がなかなか消えません。自分たちが笑われた話で町づくりをするのかというのです。若い人と年配の人の間には大きな温度差があります。

私も佐治へ行って、全国から昔話の愛好者を集めて会を開こうかと思いましたけれども、なかなかうまくゆきませんでした。このことは町が決定することで、私がどうこう言うことではありません。そこで、佐治谷話を記録した時に社会主事をしていた中島嘉吉《なかしまかきち》さんに、先日東京学芸大学に来ていただいて、佐治谷の話を集めた経緯を話していただいたのです。

七　秋田県の昔話調査と「桃太郎」

東日本から遠野の事例、西日本から佐治の事例をお話ししました。遠野の話は悲しい実話であり、佐治の話はどちらかというと笑ってしまうような作り話です。遠野は観光化を急ぎましたが、佐治は資料を整理して、観光に対して慎重な態度をとり、それを文化財に指定したのです。この二つは、日本の中での昔話の保存と活用の極端な事例と言えましょう。一方で、昔話には全く興味を示さなかった地域も多いですし、昔話を活用しようという気運が生まれるようになったのは最近のことに属します。

高度経済成長期には伝統的な生活がどんどん失われてゆきました。それは一方で文明化することだったわけです。しかし、失われたものの価値にだんだん気づくようになります。それと同時に、高度経済成長期は地方の過疎化と少子化を急速に進めました。出稼ぎの問題もありますけれども、出稼ぎを可能にしたのは、農業の機械化で労働が軽くなったことが背景にあります。

それと同時に、地方では積極的に企業誘致を進めます。うまくいったところもあるし、うまくいかなかったところもあります。ついでに言ってしまえば、原発誘致も企業誘致の一つでした。ただし、全体的に東北地方はどちらかというと、原発誘致にそう熱心ではなかったと思います。

電気やガス・水道が整備されて、おじいさんが山へ柴刈りに行く必要がなくなり、おばあさんが川へ洗濯に行く必要はなくなりました。一方で、テレビ・冷蔵庫・洗濯機が出てきて、各家庭に入ります。もうおじいさんやおばあさんから話を聞かなくても、テレビを見ればよくなったのです。昔話の記録についても、技術の革新が大きく影響します。録音技術が入ってきて、大量の昔話を正確に記録することができるようになります。秋田県でも、昭和四〇年代になると、多くの昔話の資料集が出てきます。

秋田県では、鹿角《かづの》の内田武志（一九〇九〜八〇）、角館《かくのだて》の武藤鉄城（一八九六〜一九五六）、平鹿《ひらか》の寺田伝一郎（一九〇五〜六五）といった人たちが昭和のはじめに活躍しますけれども、岩手県の佐々木喜善といったような人は出てこなくて、ずっと遅れます。戦後、今村義孝（一九〇八〜二〇〇六）・泰子（一九一六〜二〇〇五）ご夫妻が『秋田むがしこ』（未来社）を刊行した昭和三〇年代が昔話研究の再出発になります。これによって、秋田県の昔話の様子がわかってきたのです。岩手県が突出していただけで、全国的には昭和四〇年代になると昔話の採集が盛んになったのは、録音技術が入ってきたことが大きいと思います。

秋田県では今村泰子さんが熱心に集めましたが、彼女は熊本県の出身です。秋田県の言葉になじみがあるわけではありませんでした。昭和三〇年代に「昔話を聞かせてくれ」と訪ねると、物売りか押し売りに間違えられたそうです。録音機を持って歩くと二つの対応があったと言います。「こんな山奥まで私の話を聞きにきてくれたのはありがたいことだ」と感謝するお年寄りがいました。その一方で、ある青年からは、「お前は昔っこを聞きにきたと言って、俺たちを馬鹿にする気なんだろう。方言をしゃべるなと教育されている時に、方言が聞きたいとは何事か、早く帰れ」と拒絶されたそうです。このことは、昔話や方言に対する評価の二面性をよく表しています。

さらに秋田の社会教育課の調査や大学の調査で、どんどん昔話が発見されるわけです。昭和五二年（一九七七）に野村純一（一九三五〜二〇〇七）さんと畠山忠男さんが出した『話の三番叟』（桜楓社）という本を持って来ました。由利の畠山子之吉一人の話で作った本です。この人は明治二〇年（一八八七）の生まれで、当時九〇歳でした。学校へ行けずに文字を知らなかったそうです。ところが、一三〇もの話を知っていました。若勢《わかぜ》で働きに行って、その中で覚えた話、家の中でおばあさんから聞いた話、いろいろあったようです。

この人の話はおもしろくて、たとえば「桃太郎」の話では、おばあさんが「今日は空もええし、川へ洗濯に行って来る」と言います。この「今日は空もええし」という言葉によって、生活の中に川で洗濯する習慣があったことがわかります。おばあさんは川で拾った赤い箱に入った桃の種を糠に置いておきます。糠に置いておけば、来年になれば生えるだろう、育ててみればいいんだって考えるのです。一週間経ったら子供の泣き声がするので行って見ると、子供が生まれていました。包丁で切ったりしないんですね。語りの中の桃太郎の誕生というのはだいたいそうです。布団や戸棚の中に入れておくのが普通です。

桃太郎が鬼ヶ島に行くことになると、おじいさんおばあさんが、「そういうあぶねえとこさなの、行ってけな。今まで、んがとこ、育てるとて、俺たちなんぼ難儀したと思う。息子も娘もいねえだて、んがとこ、神様からの授かりものだとて、おらたち年寄ってから、まんまもらって食おうどて育ててきた。もしものことがあれば、おらたち何とすればええだ。何とか行かねえでけれ」と止めるのです。

こういう豊かな語りというのは、今では失われています。桃太郎は犬・猿・雉だけでなく、石引き坊主や柴引き坊主なども連れて行って、鬼退治をする話になっています。教科書に出てくる標準的な話とはずいぶん違いますけれども、秋田県の「桃太郎」というのはこうだったのかと知ることができるわけです。

八　昔話の再評価から始まる

昭和五七年（一九八二）に、『日本昔話通観』（同朋舎）の第五巻に秋田県が入って、五七

○話型が数えられます。しかしその後、昔話を語れるお年寄りが少なくなり、研究者たちは魅力的な昔話が見つからなくなって、平成になると調査を中止し、昔話集も出なくなります。そういう中で、昨年（二〇一一）度から私もご一緒して、「昔話・伝説・言い伝えなどによる地域活性化事業」が文化庁の補助事業として行われています。現在、県内の昔話の情報を使いやすいようにしようとデータベース化する作業が進められています。新しい技術としてのパソコンや携帯電話を使って、若い人が親しめ、観光に活かすようなことも相談されています。

二月一八日には増田で語りの会があります。「蔵」という箱の中に、「昔っこ」に関わる人間や言葉が入ってゆくのです。こういう出会いが新しいものを作ってゆくことになると思います。これまでも九月には鹿角で私が講演をして、その後で語りを行いました。一一月にも秋田市で語りを行いました。さまざまな場面で昔話を見つめ直す大事な機会が与えられています。

私の資料には、市町村教育委員会向けの雑誌に書いた「昔話再評価の時代」（『会報時報市町村教委』第二三五号、二〇一一年）という文章を入れておきましたので、是非お読みください。ほら話やうそ話として軽蔑するのではなく、昔話の価値観を転換すべき時代に来ているのではないかと思います。ほら話ではなく、お金では買えないほど大事なものであるというふうに、昔話を思えるかどうか。方言というのは汚い言葉ではなく、地方の大事な文化を受け継いで、自分の大切な気持ちを伝えるためになくてはならない言葉だというふうに、価値転換ができるかどうか。

方言の問題というのはとても重要です。私の勤める東京学芸大学には東日本からたくさんの学生が来ています。秋田県からもずいぶん来ています。関西の学生はそうでもないのですけれども、昔の学生は東京に来ると自分たちの生まれ育った言葉を消しました。しかし、今は学生が変わってきていて、方言を使うことについてあまり悲観的ではなく、自信を持って方言を使うようになっています。

今日のまとめをしたいと思います。一つは昔話の再評価ということが教育の分野で進んでいることです。今年度から小学校の教科書に「伝統的な言語文化に関する事項」が入って、神話や昔話や伝承を教えようということになりました。神話は戦後の教育ではタブーでしたが、小学校一、二年生の教材に入ってきています。けれども、せっかく秋田県には豊かな昔話があるのですから、秋田県の小学校では、先生たちがその土地の話を、その土地の言葉で、子供たちに語り聞かせてあげることが求められます。そうしたことを通して、豊かな感受性が育つのではないかと思います。

初めに取り上げた「笠地蔵」の話で言うと、「雪の中で地蔵様は寒かろう」という場面がありました。これを、ただの石の地蔵じゃないかとしてよいかどうか。科学的合理的な考えではそう思うのでしょうが、人間の感性の中で、「地蔵様は寒かろう」とおじいさんが思うということが大切です。かつての人たちがそのようにして地蔵との親しみをもってきたというのは、決して貧しい考え方ではないと思います。豊かな感受性と言った時、大人の価値観ではかりきれない子供の心をどう育てるかというのはとても重要なことです。科学的な思考も大切ですが、一方で優しさとはどういうものか、ちゃんと考える必要があると思います。

再評価のもう一つは観光化、地域の活性化ということです。特に、駅前の空き店舗を活用して昔話の場にしようということが全国的に行われています。しかし、観光だけでは昔話の継承にはならないことに注意すべきです。いくら語っても、聞き手はその土地の人ではありませんから、消費するだけです。遠野もそうでした。その中で、まず教育が第一義、それにのっとった観光があるべきだろうと考えます。

遠野では逆転して、観光が優先されてしまいました。後継者がいないので、子供たちに教えなければいけないということで、三年ぐらい前から小学校で子供たちに語りはじめたわけです。しかし、昔話を本当に大事にしているのかということは、子供に伝わります。経済活動として、ただ儲かればよいという考えならば、子供には通用しません。むしろ、昔話を学びながら、どうやってこれを地域資産にしてゆくのかが重要です。今、語りをなさっている方々、お父さんお母さん、子供たち、それぞれの昔話に対する関心は違っています。

かつての民俗学者たちは、自分たちが集めた昔話を研究資料にするだけで、地域に戻しませんでした。なぜかというと、集めた昔話が地域に戻ることは、古い純粋な伝承を壊すことになると考えたからです。古い良い資料が欲しいと思う研究者には、昔話が地域に戻ってもらっては困るわけです。そこに民俗学の限界があったと思います。

けれども、今はもう違う時代に来ているのではないかと感じます。東日本の遠野と西日本の佐治という二つの事例を簡単にお話しいたしましたけれども、ここから秋田県が何を学び、何を捨てて新しい時代を創るのかが問われているように思います。今度の事業はデータベースを構築しながら、語りの会や講演会を行う二本立てで行っています。秋田県の場合、学術的な基盤をととのえた上で、継承や観光振興を考えようとしていますが、それは全国にも先例がないことです。できれば二一世紀のモデルをこの秋田県で作れないかと思っています。文化財保護室を中核にして、県民のみなさまにも御意見をいただきながらこの事業を進めてゆきたいと思います。どこにでもある話ではなく、稀少価値があることを認識して、秋田県の資産として、県の文化財として考えてみてはどうかという提案をして、今日のお話の結びにしたいと思います。

（二〇一二年一月二一日、秋田県生涯学習センター講堂にて講演）

参考文献
・石井正己『遠野の民話と語り部』三弥井書店、二〇〇二年。
・研究代表者・石井正己『山陰の民話に学ぶ――伝統的な言語文化教材開発のために』東京学芸大学、二〇一二年。

付記

県文化財保護室の「昔話・伝説・言い伝えなどによる地域活性化事業」については、『昔話・伝説・言い伝えなどによる地域活性化事業事業報告書』（昔話・伝説・言い伝えなどによる地域活性化事業実行委員会、二〇一三年）がまとめられています。

内田武志　書誌と年譜

＊単行本は太字にしました。

書誌	年譜
明治42年（1909）	10月25日、内田修三・サト夫妻の次男として秋田県鹿角郡宮川村（現鹿角市。戸籍上は尾去沢鉱山）で誕生。生来の血友病であった。本名は武。
大正12年（1923）	8月、一家で鎌倉に移住するが、翌月関東大震災で被災し、翌年静岡に移住。
大正14年（1925）	静岡県立静岡商業学校入学。
昭和2年（1927）	血友病のため、静岡県立静岡商業学校退学。
昭和4年（1929）	静岡に住む蒲原有明に会い、民俗学の感化を受ける。
昭和5年（1930）	3月9日、柳田国男の葵文庫における講演「言語ト習俗」（「ヤスコの話」）を聞く。
2月　年中行事――秋田県鹿角郡宮川村地方『民俗学』第2巻第2号	
3月　年中行事――秋田県鹿角郡宮川村地方『民俗学』第2巻第3号	
5月　年中行事――秋田県鹿角郡宮川村地方『民俗学』第2巻第5号	

7月	年中行事――秋田県鹿角郡宮川村地方　『民俗学』第2巻第7号	
	紙上問答――答（一六）『民俗学』第2巻第7号	
	紙上問答――答（二二）『民俗学』第2巻第7号	
10月	年中行事――秋田県鹿角郡宮川村地方　『民俗学』第2巻第10号	
11月	年中行事――秋田県鹿角郡宮川村地方　『民俗学』第2巻第11号	
12月	秋田県鹿角郡宮川村地方俗信集　『方言と土俗』第1巻第7号	
昭和6年（1931）		12月、柳田国男に長門俵山温泉での療養を勧められるが、上京中に出血、妹ハチが辞意を伝えると、『南部叢書　第6巻』を貸し与えられる。
3月	秋田県鹿角郡宮川村地方童謡　『民俗学』第3巻第3号	
4月	鹿角郡昔話五篇『旅と伝説』第4年第4号（通巻40号）	
	秋田県鹿角郡花輪町・尾去沢村・宮川村地方の童謡　『民俗学』第3巻第4号	
6月	鹿角の童謡　『方言と土俗』第2巻第2号	
昭和7年（1932）		
4月	静岡県飯事方言　『方言と土俗』第2巻第12号	
5月	星に関する県下の方言と俗信【1】～【3】『静岡民友新聞』15、22、29日	
8月	静岡県植物方言　『方言と土俗』第3巻第4号	
9月	家畜を呼び寄せる語　『方言と土俗』第3巻第5号	
	ぢやんけん称呼補遺　『方言と土俗』第3巻第5号	
10月	静岡県稲架の方言と様式　『方言』第2巻第10号	

11月	静岡県片足飛方言　『土の香』第8巻第1号（第42号） 静岡県蟻地獄方言　『方言と土俗』第3巻第7号 秋田県鹿角郡花輪町地方童謡　『民俗学』第4巻第11号
12月	静岡県団栗方言　『方言と土俗』第3巻第8号
昭和8年（1933）	
1月	各地の婚姻習俗——秋田県鹿角郡宮川村地方　『旅と伝説』第6年第1号（通巻61号）
2月	静岡市近傍漁業語彙　『方言』第3巻第2輯号（通巻18号） 静岡県ジャンケン称呼集『方言と土俗』第3巻第10号
4月	**鹿角郡昔話五篇**（**柳田国男編『昔話採集の栞』梓書房**） 丁斑魚の方言—静岡県—　『土の香』第9巻第2号（第49号） 静岡県人形方言集　『方言と土俗』第3巻第12号
5月	猫の尾の毒——毒を感知する鳥から——　『民俗学』第5巻第5号
6月	黒子と踵の方言（静岡県）『土の香』第9巻第4号（第51号） 「眩しい」の方言（静岡県）『方言と土俗』第4巻第2号
7月	星の話　『国語』第7号 各地の葬礼——静岡県の墓地覆ひ　『旅と伝説』第6年第7号（通巻67号） 静岡県人形遊びの方言　『方言と土俗』第4巻第3号
8月	星の和名　『方言』第3巻第8号（通巻24号）

9月	墓地の地名『旅と伝説』第6年第9号（通巻69号） 摺木と摺鉢の方言＝静岡県＝『土の香』第10巻第2号（第55号）
10月	静岡市近傍漁業語彙『静岡県郷土研究』第1輯 酒桝星『民俗学』第5巻第10号
11月	餅で表戸に「大」と書くこと『旅と伝説』第6年第11号（通巻71号） お転婆の方言＝静岡県＝『土の香』第10巻第5号（第58号）
12月	郷土玩具オカンジヤケ異名集『旅と伝説』第6年第12号（通巻72号） 蛇に関する方言『方言』第3巻第12号（通巻28号）
昭和9年（1934）	
1月	餅と団子の名称（静岡県）『旅と伝説』第7年第1号（通巻73号） 莢を叩く農具の方言＝静岡県＝『土の香』第11巻第1号
2月	海の話と語彙『旅と伝説』第7年第2号（通巻74号） **『静岡県方言集』麗沢叢書刊行会**
4月	地の神様『旅と伝説』第7年第4号（通巻76号）
5月	鳥に関する昔話＝青森県＝『土の香』第12巻第1号（第66号）
6月	田下駄の方言と形態『旅と伝説』第7年第6号（通巻78号） 青森県方言調査報告（其一）『土の香』第12巻第3号（第68号）
7月	青森県方言調査報告第二回▽幼な言葉△『土の香』第12巻第5号（第70号） 星座和名小考——静岡県を中心として——『静岡県郷土研究』第3輯

7月	柳の花芽の方言について『志豆波多』巻2	
8月	静岡県の幼言葉『方言』第4巻第8号（通巻36号）	
9月	流星の方言と俗信其他（一）『旅と伝説』第7年第9号（通巻81号）	
10月	流星の方言と俗信其他（二）『旅と伝説』第7年第10号（通巻82号）	
12月	一五　猫又『旅と伝説』第7年第12号（通巻84号）	
	四六　金をひる犬『旅と伝説』第7年第12号（通巻84号）	
	五三　雁取り爺『旅と伝説』第7年第12号（通巻84号）	
	五四　爺様と猿『旅と伝説』第7年第12号（通巻84号）	
昭和10年（1935）		
6月	鹿角郡昔話——秋田県鹿角郡宮川村——『昔話研究』第2号	
7月	鹿角郡昔話（二）『昔話研究』第3号	
	足半草鞋の方言（静岡県）『文字と言語』第6号	
8月	蝉の幼虫と蜻蛉の幼虫の方言（静岡県）『土の香』第16巻第2号	
昭和11年（1936）		静岡から東京に転居。歩行ができなくなる。
4月	罠の様式と方言『旅と伝説』第9年第4号（通巻100号）	
9月	**『鹿角方言集』刀江書院**	
10月	**『静岡県方言誌　分布調査第一輯　動植物篇』アチック・ミューゼアム**	
11月	田植時に苗を運び配る役の方言（静岡県）『文字と言語』第10号	
昭和12年（1937）		
2月	**『静岡県方言誌　分布調査第二輯　童幼語篇』アチック・ミューゼアム**	

著作	年譜
杉並だより『アチックマンスリー』第21号 6月　星の方言採集『方言』第7巻第5号（通巻69号）	
昭和16年（1941） 4月　**『静岡県方言誌　分布調査第三輯　民具篇』アチック・ミューゼアム**	
昭和20年（1945）	5月、妹内田ハチと毛馬内町（現鹿角市）に疎開。伊藤良三から『秋田叢書』を贈られる。
昭和21年（1946） 5月　**『真澄遊覧記総索引　歳時篇』菅江真澄研究会** 菅江真澄研究会の趣旨（菅江真澄研究会） 12月　海と星『漁村』第11巻第12号	3月、秋田に移住。 6月、妹ハチが上京すると、柳田国男は『菅江真澄』を栗盛家に寄贈するよう言って渡す。
昭和22年（1947） 1月　ひなのてぶり㈠㈡『角館新報』1、12日 5月　真澄と若き者たち①～⑤『秋田文化新報』11、21日、6月11日、21日、7月1日	
昭和23年（1948） 2月　良寛と真澄『新屋民報』15日 4月　良寛と真澄『秋田魁新報』19日 真澄翁交遊録島屋長秋【一】『草園』第25号 良寛と菅江真澄『短歌往来』第2巻第4号 5月　良寛・真澄『高志路』新第5号（通巻121号）	

7月	『秋田の山水―真澄遊覧記抄―』秋田野菊会本部	
8月	『菅江真澄の日記―秋田の山水について―』秋田野菊会本部	
12月	星座の瞑想　『秋田魁新報』13日	
昭和24年（1949）		
2月	松前と真澄　『草園』第29号	
4月	**『松前と菅江真澄』北方書院**	
11月	『日本星座方言資料』日本常民文化研究所	
昭和25年（1950）		
1月	餅食い星　『秋田魁新報』1日	
10月	菅江真澄の南部の旅（一）『奥羽史談』第4号	
昭和26年（1951）		
2月	菅江真澄の南部の旅（二）『奥羽史談』第2巻第1号	
5月	昌益・真澄の故郷　『秋田魁新報』12日	
	菅江真澄の南部の旅㈢　『奥羽史談』第2巻第2号	
昭和27年（1952）		
4月	菅江真澄の南部の旅㈣　『奥羽史談』第3巻第1号	
昭和28年（1953）		8月、渋沢敬三が訪ねる（三度目）。
3月	あとがき〔須藤春代『詩集　めぐみ』おとずれ社〕	
12月	『菅江真澄未刊文献集　一』日本常民文化研究所	

昭和29年（1954）		11月3日、秋田市文化章受章（妹ハチと）。
10月	『菅江真澄未刊文献集　二』日本常民文化研究所	
11月	春代さんのあゆみ〔須藤春代『盲目少女の詩文集　春のだいち』岩崎書店〕	
昭和34年（1959）		
4月	筆のまま『叢園』第51号	
昭和38年（1963）		12月、平凡社の酒井春郎が訪ねる。
12月	菅江真澄と四つの地誌＝その書誌学的研究＝『出羽路』第21号	
昭和40年（1965）		
11月	宮本常一共編訳『菅江真澄遊覧記1』平凡社	
昭和41年（1966）		
6月	宮本常一共編訳『菅江真澄遊覧記2』平凡社	
7月	菅江真澄の〔百臼の図〕『出羽路』第30号	
昭和42年（1967）		11月3日、秋田県文化功労者受賞（妹ハチと）。
1月	宮本常一共編訳『菅江真澄遊覧記3』平凡社	
11月	宮本常一共編訳『菅江真澄遊覧記4』平凡社	
昭和43年（1968）		12月、宮本常一、未来社の西谷能雄・小箕俊介の打ち合わせに訪れる。
1月	わたしの初夢◇真澄とのめぐり合い◇『秋田魁新報』1日	
7月	宮本常一共編訳『菅江真澄遊覧記5』平凡社	

年月	著作	事項
昭和44年（1969）		
1月	菅江真澄遊覧記〔竹内利美・森嘉兵衛・宮本常一編『日本庶民生活史料集成　第三巻　探検・紀行・地誌　東国篇』三一書房〕	
7月	編『菅江真澄随筆集』平凡社	
12月	墓前祭の歴史（無記名）、あとがき（無記名）〔内田武志・内田ハチ・奈良環之助・畠山重悦・鷲谷良一責任編集『菅江真澄墓前祭記録』私家版〕	
昭和45年（1970）		
1月	菅江真澄のふるさと、資料（無記名）〔内田武志・浅井敏・伊奈繁弌編『菅江真澄のふるさと』私家版〕	
3月	真澄遊覧記その後『菅江真澄研究所報告』1	
	信州洗馬の新発見本（無記名）『菅江真澄研究所報告』1	
5月	『菅江真澄の旅と日記』未来社	
7月	蝦夷錦『菅江真澄研究所報告』2	
昭和46年（1971）		1月18日、河北文化賞受賞。
2月	奈良環之助氏追悼記『菅江真澄研究所報告』3	
	真澄の歌碑『菅江真澄研究所報告』3	
3月	宮本常一共編『菅江真澄全集　第一巻　日記1』未来社	
	奈良環之助氏を悼む『菅江真澄全集月報』1	
11月	宮本常一共編『菅江真澄全集　第二巻　日記2』未来社	
	真澄の未発見本目録（一）『菅江真澄全集月報』2	

昭和47年（1972）		
7月	真澄の贈り物『菅江真澄研究所報告』4 旅の記事・写本（無記名）『菅江真澄研究所報告』4 宮本常一共編『菅江真澄全集　第三巻　日記3』未来社	
昭和48年（1973）		
2月	宮本常一共編『菅江真澄全集　第四巻　日記4』未来社	
7月	宮本常一共編『菅江真澄全集　第九巻　民俗・考古図』未来社 破笠と羽笠――第三巻の註について『菅江真澄全集月報』5	
9月	静岡県方言誌　分布調査第一輯　動植物篇、静岡県方言誌　分布調査第二輯　童幼語篇、静岡県方言誌　分布調査第三輯　民具篇、中部篇（2）　解説〔日本常民文化研究所編『日本常民生活資料叢書　第一四巻　中部篇（2）』三一書房〕	
12月	『星の方言と民俗』岩崎美術社	
昭和49年（1974）		
9月	宮本常一共編『菅江真澄全集　第一〇巻　随筆』未来社	
昭和50年（1975）		8月、柳田国男賞受賞。
6月	『鹿角方言集』国書刊行会	
11月	宮本常一共編『菅江真澄全集　第五巻　地誌1』未来社	
昭和51年（1976）		
10月	宮本常一共編『菅江真澄全集　第六巻　地誌2』未来社	

昭和52年（1977）		
10月	宮本常一共編『菅江真澄全集　別巻一　菅江真澄研究』未来社	
昭和53年（1978）		
5月	宮本常一共編『菅江真澄全集　第七巻　地誌3』未来社	
9月	菅江真澄年譜〔菅江真澄百五十年祭実行委員会編『菅江真澄と秋田』加賀谷書店〕	
昭和54年（1979）		
7月	宮本常一共編『菅江真澄全集　第八巻　地誌4』未来社	
昭和55年（1980）		12月3日、死去。
12月	宮本常一共編『菅江真澄全集　第一一巻　雑纂1』未来社	
昭和56年（1981）		
8月	えぞのてぶり、えみしのさへき、かたゐぶくろ、菅江真澄、ひろめかり、〔北海道新聞社編『北海道大百科事典　上巻・下巻』北海道新聞社〕	
9月	宮本常一共編『菅江真澄全集　第一二巻　雑纂2』未来社	
	菅江真澄〔秋田魁新報社編『秋田大百科事典』秋田魁新報社〕	
昭和59年（1984）		
4月	菅江真澄〔日本古典文学大辞典編集委員会編『日本古典文学大辞典第三巻』岩波書店〕	
昭和62年（1987）		
10月	菅江真澄年譜〔岡崎市立図書館編『菅江真澄資料内田文庫目録』岡崎市立図書館〕	

*作成にあたっては次の資料を参照しました。

・内田ハチ「菅江真澄への歩み 付 内田武志著作年譜」(『菅江真澄顕彰記念誌』岡崎市立図書館、一九八七年。
・井上隆明監修『秋田人名大事典(第二版)』秋田魁新報社、二〇〇〇年。
・永井登志樹「霊魂の行方―内田武志の真澄研究―」(『真澄研究』第六号、二〇〇二年)
・「第53回菅江真澄資料センター企画コーナー展 没後30年、内田武志の真澄研究〈解説資料〉」秋田県立博物館、二〇一〇年。
・「第63回菅江真澄資料センター企画コーナー展 内田文庫の貴重資料〈解説資料〉」秋田県立博物館、二〇一五年。
・「内田武志、真澄関連の著作・論考一覧」秋田県立博物館、二〇一七年。
・研究代表者・石井正己『平成29年度広域科学教科教育学研究経費報告書 国際化時代を視野に入れた歴史・文化・教育に関する戦略的研究』東京学芸大学、二〇一八年。

*補訂にあたっては、青木俊明・高橋隆一郎・松山修・吉田真美の各氏にお力添えを賜りました。

初出一覧

文体をデスマス体に統一し、小見出しを変えるなどの若干の修正をしましたが、新たな加筆は付記で補足しました。初出がある文章は以下の通りです。

・Ⅰ　秋田県鹿角の方言と昔話の発表……原題「方言と昔話――内田武志の軌跡Ⅰ」『真澄研究』第一七号、二〇一三年三月
・Ⅱ　静岡県と星座の方言の集大成……原題「静岡と星座の方言――内田武志の軌跡Ⅱ」『真澄研究』第一八号、二〇一四年三月
・Ⅲ　戦後の菅江真澄研究の出発……原題「菅江真澄研究の戦後――内田武志の軌跡Ⅲ」『真澄研究』第二〇号、二〇一六年三月
・Ⅳ　『菅江真澄遊覧記』と『菅江真澄全集』の偉業……原題「遊覧記と全集出版の偉業――内田武志の軌跡Ⅳ」『真澄研究』第二一号、二〇一七年三月
・Ⅴ　菅江真澄と内田ハチ――科学・教育・図絵――……内田ハチ著『菅江真澄に見られる科学的記録――内田ハチ遺稿集――』私家版、二〇一七年七月
・Ⅵ　真澄のまなざしを考える――あきた遺産の再評価――…『真澄研究』第一九号、二〇一五年三月

・Ⅶ　菅江真澄を世界の遺産に……『菅江真澄研究』第八三号、二〇一四年一二月
・Ⅷ　日本のナマハゲ、世界のナマハゲ……『男鹿五風』第二〇号、二〇一四年三月
・Ⅸ　菅江真澄と秋田文化…『男鹿五風』第二一号、二〇一五年三月
・Ⅹ　文化財としての昔話……『昔話・伝説・言い伝えなどによる地域活性化事業事業報告書』昔話・伝説・言い伝えなどによる地域活性化事業実行委員会、二〇一三年三月

【著者紹介】

石井正己（いしい・まさみ）

1958年、東京生まれ。東京学芸大学教授、一橋大学大学院連携教授、柳田國男・松岡家記念館顧問、韓国比較民俗学会顧問。日本文学・民俗学専攻。

最近の単著に『100分de名著ブックス 柳田国男 遠野物語』（NHK出版）、『ビジュアル版 日本の昔話百科』（河出書房新社）、『昔話の読み方伝え方を考える』（三弥井書店）、編著に『博物館という装置』（勉誠出版）、『昔話を語り継ぎたい人に』（三弥井書店）、『現代に生きる妖怪たち』（三弥井書店）、『外国人の見た日本』（アジア遊学219号、勉誠出版）があり、その他、報告書、論文、随筆、書評多数。

菅江《すがえ》真澄《ますみ》と内田《うちだ》武志《たけし》

歩《ある》けぬ採訪者《さいほうしゃ》の探究《たんきゅう》

2018年8月22日　初版発行

著　者　石井正己

発行者　池嶋洋次

発行所　勉誠出版 株式会社

〒101-0051　東京都千代田区神田神保町 3-10-2

TEL：(03)5215-9021(代)　FAX：(03)5215-9025

〈出版詳細情報〉 http://bensei.jp

印刷・製本　中央精版印刷

ISBN 978-4-585-23407-4　C1323